영화로 만나는
의료인문학 ❷

경희대학교 인문학연구원
HK+통합의료인문학연구단
통합의료인문학 교양총서 10

영화로 만나는 의료인문학 ❷

박승준 이동규 이상덕 조민하
조태구 최성민 최성운 지음

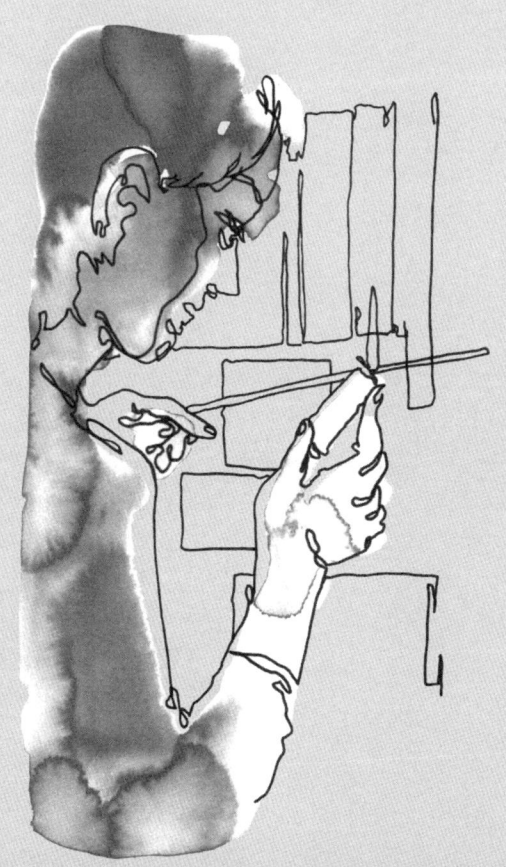

펴내는 말

경희대학교 인문학연구원 HK+통합의료인문학연구단은 2019년부터 '4차 산업혁명 시대 인간가치의 정립과 통합의료인문학'이라는 연구 주제로 인문한국플러스(HK+) 사업을 수행하고 있습니다. 통합의료인문학은 의료를 대상으로 인문학적 사유를 펼치는 학문적 활동이자, 이러한 인문학적 사유를 의료 현장에서 구현하려는 실천적 활동입니다. 그리고 여기서 말하는 '의료 현장'이란 병원과 같은 제도적 공간만을 의미하지 않습니다. 코로나19 팬데믹을 거치면서 우리는 의료가 우리 일상의 구석구석, 삶의 모든 국면에 깊이 관여하고 있다는 사실을 고통스럽게 체험하였습니다. 의료의 문제는 곧 우리 삶의 문제입니다. 통합의료인문학은 의료를 중심으로 우리 삶에 질문을 던지고, 이러한 질문과 성찰을 통해 우리 삶을 좀 더 건강하게 만들 수 있는 방안을 모색하고 있습니다.

경희대학교 인문학연구원 HK+통합의료인문학연구단은 이러한 통합의료인문학의 성과를 학계와 일반 대중과 공유하기 위해 학술총서와 교양총서, 교양문고 시리즈를 출간하고 있습니다. 2025년 2월에 출판한 『영화로 만나는 의료인문학 1』도 이러한 활동의 하나였습니다. 이 책은 대중들에게 가장 친숙한 매체인 영화를 통해 의료 현장에서 마주하게 되는 여러 문제들을 함께 성찰해 보고자 기획되었습니다. 책을 펴내기 위해 영화 전문가들과 머리를 맞대고 영화를 선정하였고, 각 분야의 연구자들과 함께 일곱 차례에 걸쳐 세미나를 진행하였습니다. 그리고 세미나의 발제를 맡았던 분들이, 세미나를 통해 제시된 참여자들의 의견을 모아 책의 각 챕터를 서술하였습니다. 그렇게 『영화로 만나는 의료인문학 1』에서는 미래 의료와 생명윤리, 좋은 의사의 조건, 인간의 의지와 의료 시스템, 간호사의 처우, 포스트휴먼, 초고령사회, 돌봄의 문제 등이 다루어졌습니다.

이번에 출판하는 『영화로 만나는 의료인문학 2』도 『영화로 만나는 의료인문학 1』과 같은 방식으로 진행되었습니다. 『영화로 만나는 의료인문학 2』는 1권에서 다루지 못했던 주제들을 다루고 있습니다.

박승준은 다런 애러노프스키(Darren Aronofsky) 감독의 영화 〈더 웨일(The Whale)〉을 통해 비만과 혐오의 문제를 성찰하고, 조태구는 오드리 디완(Audrey Diwan) 감독의 영화 〈레벤느망(L'événement)〉과 안네 초라 베라체트(Anne Zohra Berrached) 감독의 영화 〈24주(24 Wochen)〉를 살펴봄으로써 낙태와 임부의 자기결정권에 대해 질문합니다. 최성민은 밀로스 포만(Miloš Forman) 감독의 영화 〈뻐꾸기 둥지 위로 날아간 새(One Flew Over the Cuckoo's Nest)〉를 매개로 정신질환 치료의 의미를 묻고, 조민하는 에릭 톨레다노(Éric Toledano)와 올리비에르 나카체(Olivier Nakache)가 공동 연출한 영화 〈언터처블: 1%의 우정(The Intouchables)〉을 통해 장애와 돌봄의 관계를 탐구합니다. 이상덕은 토비아스 린드홈(Tobias Lindholm) 감독의 영화 〈그 남자, 좋은 간호사(The Good Nurse)〉를 통해 의료 범죄의 발생 가능성을 의료시스템 전반의 문제로 성찰하고, 이동규는 토드 헤인즈(Todd Hynes) 감독의 영화 〈다크 워터스(Dark Waters, 2019)〉를 살펴보며 환경오염과 건강의 문제를 조명합니다. 마지막으로 최성운은 스티븐 소더버그(Steven Soderbergh) 감독의 영화 〈컨테이젼(Contagion)〉을 통해 감염병과 팬데믹, 그리고 의료자원 배분 문제를 다룹니다.

『영화로 만나는 의료인문학 1』과 마찬가지로 『영화로 만나는 의료인문학 2』에서도 각 글의 말미에 '더 생각해 볼 문제'와 '더 찾아볼 작품'을 수록하였습니다. 단순한 독서에 그치는 것이 아니라, 이 책을 통해 독자들 스스로 삶 자체의 문제인 의료의 문제를 계속해서 묻고 성찰할 수 있도록 안내하기 위함입니다. 『영화로 만나는 의료인문학』은 1권과 2권을 합쳐 총 14편의 글로 구성되어 있습니다. 이 책이 의과대학, 치과대학, 한의과대학, 간호대학 등의 교육 교재로 활용될 수 있도록 하기 위함입니다.

『영화로 만나는 의료인문학』이 처음 기획된 것은 2024년 3월이었고, 첫 번째 세미나가 바로 다음 달인 2024년 4월 첫 번째 주에 열렸습니다. 그 이후 출판을 위한 준비 기간과 방학 등의 사정으로 중단된 적은 있지만, 2년 동안 꾸준히 매달 첫 번째 금요일에 '영화로 만나는 의료인문학' 세미나가 열렸습니다. HK+통합의료인문학연구단 소속 연구자들은 물론 의료인문학과 영화에 관심 있는 많은 분들이 참여해 주셨고, 때로는 전문적 견해를 듣기 위해 관련 분야의 전문가를 세미나에 초빙하여 함께 논의하기도 하였습니다. 이 책은 집필에 참여한 필자들뿐만이 아니라, 세미나에 참석하셔서 의견을 주셨던 모든 분들의 공동 성과입니다. 참석해 주셨던 모든 분들께 이 자리를 빌려 깊은 감사의 말씀을 드립니다.

2025년 11월
필자를 대표하여 조태구 씀

차례

영화로 만나는 의료인문학 ❷

펴내는 말 —— 5

비만 낙인(Obesity Stigma) ■ 박승준 ——— 13
— 영화 〈더 웨일〉을 통해 본 비만의 사회적 영향

영화 〈더 웨일(The Whale)〉 줄거리 ——— 16
뚱뚱함에 대한 인식의 변화 ——— 22
현대인은 왜 뚱뚱해졌을까? ——— 26
비만은 경제적 살인자 ——— 28
인격의 살인자, 비만 낙인 ——— 31

낙태를 선택할 수 있을까? ■ 조태구 ——— 39
— 영화 〈레벤느망〉과 〈24주〉를 중심으로 본 임부의 자기결정권

태아의 생명권과 임부의 자기결정권 ——— 41
살과 뼈로 체험되는 낙태 ——— 44
선택지 없는 선택 ——— 47
갈등으로 체험되는 낙태 ——— 52
까다로운 선택 ——— 56
다시, 태아의 생명권과 임부의 자기결정권 ——— 61

입원과 의료 행위의 강제성 ■ 최성민 ——— 67
— 영화 〈뻐꾸기 둥지 위로 날아간 새〉를 통해 본 정신 질환의 치료 문제

밀로스 포먼 감독과 〈뻐꾸기 둥지 위로 날아간 새〉 ——— 69
정신 질환의 역사와 정신병원 ——— 73

정신 질환 치료의 강제성 ─────────── 76
비자의 입원(非自意入院)과 또 다른 문제 ─────── 82
강제적 입원의 또 다른 경우들 ───────── 85

돌봄의 진정한 의미와 인간의 존엄 ■ 조민하 ─────── 93
─영화 〈언터처블: 1%의 우정〉을 중심으로

영화의 배경과 줄거리 ─────────── 95
필립과 드리스의 만남 ─────────── 99
장애란 무엇인가? ──────────── 100
대등한 관계로 인정하기 ────────── 104
서로의 아픔에 한 발짝 다가가기 ──────── 108

선의지(goodwill)와 시스템 사이에서 ■ 이상덕 ───── 117
─영화 〈그 남자, 좋은 간호사〉를 통해 본 의료범죄

의료사고, 의료과실, 의료범죄 ───────── 119
강한 병원과 약한 간호사 둘─영화의 줄거리 ──── 121
선량함(goodness)과 선의지(goodwill)의 사이에서 ──── 129
의료범죄의 사건들: 시프먼 사건과 유령수술 ───── 133
결론: 시스템 강화와 선의지를 통한 환자 안전 구축 ──── 136

영화로 만나는 의료인문학 ❷

우리의 건강을 둘러싼 위험의 실제 ■ 이동규 —————— 141
- 영화 〈다크 워터스〉를 통해 본 환경과 건강

    절실한 의뢰에 대한 변호사의 선택 —————— 145
    역사적 판결의 의의 —————— 148
    화학 기업의 충격적 진실 —————— 150
    고통 청취자로서의 공동체 —————— 155
    에필로그 —————— 157

질병, 사회, 윤리, 그리고 신뢰의 교차점 ■ 최성운 —————— 161
- 영화 〈컨테이젼〉과 팬데믹

    질병과 사회를 동시에 그리다 —————— 163
    주요 등장인물을 통해 펼쳐지는 〈컨테이젼〉의 세계 —————— 166
    영화와 현실이 던지는 의료 자원 분배의 질문, "누구를 먼저 구할 것인가?" —— 168
    백신 추첨과 사회적 신뢰: 영화와 한국의 경험 —————— 172

참고문헌 —— 184
집필진 소개 —— 187

비만 낙인(Obesity Stigma)
— 영화 〈더 웨일〉을 통해 본 비만의 사회적 영향

박 승 준

여러분은 '비만'이라는 단어를 들으면 어떤 이미지가 떠오르는가? 매우 뚱뚱한 사람의 사진을 보면 어떤 생각이 드는가? 다음 보기 중에서 2가지만 골라 보자.

① 자기 관리 능력이 부족해 보임

② 귀여워 보임

③ 게을러 보임

④ 이성 친구/배우자가 없어 보임

⑤ 건강이 좋지 않아 보임

⑥ 자신감이 없어 보임

⑦ 편안해 보임

⑧ 성격이 느긋해 보임

⑨ 너그러워 보임

⑩ 부유해 보임

많은 사람이 위 보기 중 '자기 관리 능력이 부족해 보임'이나 '건강이 좋지 않아 보임' 혹은 '게을러 보임' 같은 부정적 이미지를 고른다. '성격이 느긋해 보임', '너그러워 보임', 혹은 '부유해 보임' 같은 긍정적 의견을 내는 사람은 그리 많지 않다.

영화 〈더 웨일(The Whale)〉 줄거리

〈더 웨일(The Whale)〉은 미국의 극작가 사무엘 D. 헌터(Samuel Hunter)가 2012년에 발표한 같은 이름의 희곡을 대런 애러노프스키(Darren Aronofsky)가 2022년 영화로 만든 작품이다. 영화는 세상을 등지고 아이다호의 작은 마을에서 고립된 채 은둔 생활을 하는 270kg이 넘는 거구의 주인공 찰리의 죽음을 앞둔 마지막 일주일을 그린다. 영화의 제목인 '더 웨일'은 찰리의 거대한 외모를 비하하는 속어로, 그가 심각한 비만으로 인해 사회로부터 받은 편견과 삐뚤어진 시선을 반영한다. 아울러 '더 웨일'은 허먼 멜빌의 소설 『모비 딕』과 연관될 수도 있다. 『모비 딕』에서 집착과 투쟁의 상징으로 나타나는 고래는 찰리의 내적 갈등과 자신과의 싸움을 상징하는 것으로 해석될 수 있다.

영화의 주요 등장인물로는 브랜던 프레이저(Brandan Fraser)가 연기한 찰리와 세이디 싱크(Sadie Sink)가 연기한 엘리, 그리고 홍 차우(Hong Chau)가 연기한 리즈가 있다. 중년의 글쓰기 강사인 찰리는 심각한 비만으로 외부에 모습을 드러내지 못하고 온라인으로만 강의를 진행한다. 마음속 깊은 곳에 죄책감과 슬픔을 가득 품고 살아가는 찰리는 소원해진 딸과의 관

딸 엘리가 쓴 에세이를 읽고 찰리는 말한다.
"네 에세이는 훌륭해. 그 에세이는 바로 너야"

계를 회복하기 위해 노력한다. 찰리가 가족을 떠난 후 거리가 멀어진 엘리는 반항기가 가득한 복잡한 감정의 10대 소녀이다. 그녀는 자기 삶의 방향을 찾기 위해 고군분투한다. 찰리의 가장 가까운 친구이자 간호사인 리즈는 그의 건강을 걱정하며 돌본다. 리즈는 찰리의 과거와 그의 심리 상태를 잘 이해하고 끝까지 그의 곁을 지킨다. 그리고 타이 심프킨스(Ty Simpkins)가 연기한 젊은 전도사 토머스는 찰리를 방문하여 그의 영혼을 구원하고자 한다.

희곡을 영화화했기 때문인지 〈더 웨일〉은 연극의 분위기를 물씬 풍긴다. 주 배경은 찰리의 집 안이고 등장인물은 연극 무대를 왔다 갔다 하듯이 집 안에서 움직인다. 채팅과 메일로만 학생들과 소통하는 찰리는 자기 모습을 학생들에게 보여주지 않는다. 그는 외부와의 접촉을 철저히 차단한 채 자기 집 안에서 고립되어 살아간다. 찰리는 한때 사랑했던 동성 연인 앨런의 갑작스러운 죽음 이후 극심한 우울증이 생겼고, 이로 인해 폭식 증세가 생겨 체중이 급격히 늘어났다. 이 영화의 원작자 헌터는 자기 경험에서 출발한 이야기를 연극에 담았다고 밝혔다. 동성애자였던 그는 대학 시절 심한 비만이었다. "저는 저의 성적 정체성을 추하게 여기는 근본주의 기독교 학교에 다녔고, 따라서 여러 해결되지 않은 감정이 있었습니다. 그래서 음식과 건강하지 못한 관계를 맺게 되었죠. '더 웨일'을 쓰면서 그 모든 것들이 제 안에서 쏟아져 나왔습니다."라고 헌터는 고백한다.

영화는 온라인 글쓰기 수업 중인 찰리의 줌 화면이 보이며 시작된다. 학생들은 모두 웹캠을 켰지만, 카메라를 켜지 않은 찰리의 화면만 블랙으로 남아 있다. 학생 중 한 명이 찰리에게 카메라를 켜 줄 것을 건의하지만, 그는 노트북 카메라가 여전히 수리 중이어서 곤란하다고 말하며 넘어간다. 이처럼 초고도 비만인은 자기 모습을 남에게 보여주지 않고 홀로 은둔 생활을 하는 경우가 매우 흔하다. 이는 이동성에 심각한 제한을 가하는 신체적 제약 때문일 수도 있지만, 사람들이 비만인들에게 보이는 부정적 시선이나 비난 등도 중요한 이유가 되는 것으로 보인다. 이에 따라 초고도 비만인은 우울증이나 불안 등 정신 건강 문제를 보이기도 한다.

찰리는 앨런과 사랑에 빠지며 아내와 8살 된 딸을 떠났다. 그러나 앨런은 새생명선교회라는 종교 단체에서 쫓겨난 일로 인해 심한 우울증이 생겼고, 결국 극단적인 선택을 하게 되었다. 이 사건은 찰리에게 깊은 충격을 남겼다. 앨런의 죽음이 자기에게 책임이 있다고 느낀 찰리는 심한 죄책감으로 더욱 고립되었다. 그는 감정적 위안을 찾기 위해 많은 음식을 섭취하는 폭식 증세가 악화되어 체중이 급격히 증가했고 건강은 점점 나빠져 갔다. 앨런의 동생인 리즈는 오빠의 죽음 이후 찰리와 가까운 사이로 남아 그의 건강을 걱정하며 돌본다. 리즈는 찰리의 상태가 걱정되어 병원에 가 볼 것을 권하지만, 그는 말을 듣지 않으며 의학적 도움을 거부한다.

자기에게 시간이 얼마 남지 않았음을 직감한 찰리는 남은 시간 동안 딸과의 관계를 회복하고자 노력한다. 하지만 찰리의 전화를 받고 집에 온 엘리는 자신을 두고 떠났던 아버지에 대한 분노와 실망감을 숨기지 않는다. 엘리의 차가운 태도는 찰리에게 큰 도전으로 다가왔지만, 그는 자신이 과거에 저지른 실수를 인정하고 딸의 미래에 긍정적 영향을 미치고 싶어 한다. 찰리는 딸에게 매일 자신을 찾아와 에세이 한 편을 완성하면 전 재산을 주겠다는 제안을 한다. 두 사람에게 에세이를 완성해 가는 과정은 상대방의 감정을 이해하고 서로 소통하는 의미가 지있다.

찰리는 전처 메리(사만다 모튼 분)에게 끝까지 딸을 포기하지 말 것을 부탁한다. 사랑하고 사랑받는 삶을 살게 해 달라고 부탁한다. "알아야겠어! 내 인생에서 잘한 일이 하나라도 있단 걸!" 또 그는 "사람은 타인에게 무관심할 수 없다."라고 말한다. 상처받을 것을 알면서도 다른 사람들과 관계를 맺기도 하고 때로는 희망을 주면서 살아간다. 비록 자기가 버린 딸이지만 그는 무관심할 수 없었기 때문이다.

마지막 장면에서 찰리는 엘리에게 눈물을 흘리며 진심으로 사과한다. "넌 정말 예쁘고, 훌륭한 애야. 그 에세이는 정말 훌륭해. 그 에세이는 바로 너야."라고 말하며. 찰리는 자기가 최고의 에세이라고 생각한, 엘리가 8학년 때 쓴 그 에세이를 마지막 순간에 읽어 달라고 부탁한다. 그는 모든 힘을 다해 일어나 에세이를 읽어 주는 엘리를 향해 환히 웃으며 다가간다. 하늘로 날아오르는 찰리의 모습은 그가 인생에서 마침내 구원받았음을 암시하는 것처럼 보인다.

주연을 맡은 프레이저는 이 영화로 2023년 제95회 아카데미 남우주연상, 크리틱스 초이스 영화상 남우주연상, 미국 배우 조합상 영화 부문 남우주연상, 새틀라이트상 드라마 부문 남우주연상을 받았다. 아울러 영화의 분장팀은 아카데미 분장상을 받기도 했다. 프레이저는 40일간의 촬영 동안 비만으로 고통받는 몸을 생생히 보여주기 위해 매일 4시간에 걸쳐 특수 분장을 해야 했다. 분장을 맡은 애드리언 모로는 영화 역사상 최초로 이 영화에서 디지털 보철 분장을 비롯해 여러 가지 혁신 기술을 적용했다. 3D 모델링과 프린팅 기법으로 완성된 보철 모형의 무게는 약 45kg에 달했는데, 얼굴에도 보철을 착용한 덕분에 몸뿐 아니라 얼굴 근육의 완전한 움직임이 가능했다. 이 영화에서 강렬한 연기를 선보인 프레이저는 인간의 복잡한 감정과 관계의 본질을 탐구하고자 노력했다.

애러노프스키는 강렬하고 독창적인 영화 스타일로 유명한 감독이다. 그의 작품은 인간의 심리를 깊이 파고들어 존재의 본질을 근원적으로 탐구한다. 애러노프스키의 작품은 혁신적인 촬영 기법과 편집 스타일로 유명하기도 하다. 〈더 웨일〉의 주인공도 마찬가지이지만, 그는 극단적인 상황에 부닥친 인물의 심리묘사를 통해 인간의 본성을 탐구하고자 노력하고 있다. 1969년 미국 뉴욕 브루클린에서 출생한 애러노프스키는 하버드 대학교에서 사회인류학을 공부하면서 여러 편의 단편영화를 만들어 영화에 대한 열정을 키웠다. 1998년 흑백 영상과 복잡한 수학적 개념이 결합한 장편영화 〈파이(π)〉를 만들어 데뷔한 그는 선댄스 영화제 감독상을 받았다. 대표작은 〈레퀴엠〉(2000), 〈더 레슬러〉(2008), 〈블랙 스완〉(2010), 〈노아〉(2014), 〈더 웨일〉(2022) 등이 있다.

특히 〈더 웨일〉에서 주목해야 할 점은, 주인공 찰리가 단순한 육체적 고통을 넘어 구원을 갈망한다는 것이다. 그가 생명의 위협 속에서도 병원 치료를 거부하며 집착하는 것은 엘리가 쓴 『모비 딕』에 관한 에세이이다. 이 에세이는 꾸밈없는 솔직함의 상징이며, 찰리에게는 유일한 구원의 밧줄 과도 같다. 그의 거대한 몸이 외면할 수 없는 고통의 진실이라면, 그는 그 진실 속에서 타인과의 솔직한 관계를 통해 구원받기를 원한 것이다. 이는 의료인문학적 관점에서 중요한 시사점을 던진다. 환자의 고통은 단순히 의학적 수치로만 파악할 수 없으며, 그들의 삶의 의미와 구원의 열망이 무엇인지 이해하려는 노력이 동반될 때 진정한 치유가 시작될 수 있다는 것이다.

〈더 웨일〉에서 찰리는 그의 거대한 몸집 때문에 사회적 차별과 편견에 직면한다. 우리는 이 영화를 통해 비만을 단순한 개인의 건강 문제가 아닌 다양한 사회적, 경제적, 환경적, 심리적 요인과 연관된 복잡한 문제로 바라보는 관점에 대해 알아보고자 한다. 현대사회의 비만은 단순히 개인의 잘못된 식습관이나 운동 부족 문제로만 볼 수 없기 때문이다. 비만이 복잡한 요인들과 연관되어 있다는 것을 이해하면, 개인에게 가해지는 사회적 편견을 해소하고 비만인에 대한 부정적 시각을 완화하는 데 도움이 될 것이다. 아울러 비만 문제를 해결하기 위한 종합적이고 다각적인 대책을 마련하는 데 이바지하리라 기대한다.

뚱뚱함에 대한 인식의 변화

영화의 초반부에서 엄청난 거구의 찰리가 동성 포르노를 보며 자위하는 모습은 불편한 감정을 느끼게 한다. 작가 록산 게이는 《뉴욕타임스》에 기고한 글에서 영화에서 비만 남성을 묘사하는 방식에 대해 "대런 애러노프스키 감독이 비만을 인간의 궁극적인 실패로 여긴다는 것이 분명했다."라며, 이는 어떤 대가를 치르더라도 피해야 할 비열한 자세라고 신랄하게 비난했다. 한사코 자기 모습을 보여주지 않던 찰리가 영화의 마지막 부분에서 카메라를 켰을 때 학생들은 경악하는 표정을 짓는다. 또 아빠를 바라보며 나도 그렇게 살이 찌는 거냐고 묻는 엘리와 복도로 피자를 가지러 나온 찰리를 보고 "세상에!"라고 말하며 놀라 급히 자리를 피하는 피자 배달부 댄의 모습도 비만한 사람들에 대한 우리의 인식이 어떤지 엿볼 수 있는 대목이다.

지나치게 살찌는 걸 좋아하는 사람은 별로 많지 않다. 그 이유는 건강상의 문제 때문일 수도 있겠지만, 뚱뚱한 사람을 부정적으로 바라보는 사회적 인식도 크게 작용할 것이다. 그렇다면 아직 세상의 때가 덜 묻은 어린아이들은 어떻게 생각할까? 이에 관한 흥미로운 연구가 있다. 6~10세의 남자아이 90명에게 비만한 사람의 사진을 보여주자, 아이들은 뚱뚱한 사람을 '게으르다', '더럽다', '멍청하다', '못생겼다', 심지어 '거짓말쟁이' 또는 '사기꾼'이라고 묘사했다. 놀랍지 않은가. 아이들조차 비만한 체형에 대해 이런 생각을 하고 있다니. 이처럼 우리는 비만한 사람은 많이 먹어서 살찐 것이고, 의지가 약해서 살을 빼지 못한다고 생각한다. 비만에 대한 인식은 예전에도 이렇게 나빴을까?

하지만 과거에는 뚱뚱한 몸에 대한 시선이 현재와는 다르게 매우 긍정적이었다. 약 2만 년 전에 만들어진 '빌렌도르프의 비너스'라는 유명한 석상은 오늘날 우리가 알고 있는 비너스와는 달리 매우 풍만한 여성의 모습을 하고 있다. 프랑스 도르도뉴 지방의 동굴에서 발견된 석회암에 새겨진 '로셀의 비너스' 역시 뚱뚱한 여성의 모습이다. 중세 귀족들은 초상화를 그리거나 전신 석상을 만들 때 실제보다 더 뚱뚱하게 표현되길 원했으며, '밀로의 비너스'나 보티첼리의 〈비너스의 탄생〉과 같은 작품에서도 현대의 미인의 기준과는 다른 풍만한 여성상이 나타난다.

1770년 영국에서 태어난 대니얼 램버트(Daniel Lambert)는 당당한 체격으로 명성을 얻었다. 그는 키 180cm, 허리둘레 285cm, 종아리 둘레 94cm, 체중 335kg으로, 오늘날 기준으로 보면 BMI가 103이 넘는 초고도 비만에 해당한다. 그가 뚱뚱했던 이유는 유전적 혹은 대사적 이상 때문인 것으로 보이며, 음식을 많이 먹지는 않았다고 전해진다. 당시 영국 사람들은 램버트를 '포틀리 젠틀맨(portly gentleman)'이라고 불렀는데, 이는 위풍당당하고 매우 인상 깊은 사람이라는 의미였다. 스탬퍼드 시청 시장실에는 그의 초상화가 걸려 있었고, 그의 이름을 딴 술집도 있을 만큼 대중의 인식은 호의적이었다. 램버트는 1809년 39세로 세상을 떠났다. 친구들은 그의 묘비에 "돌이켜 보면 레스터의 토박이 램버트는 행복하고 유쾌한 정신의 소유자였으며, 거대함으로 치자면 그를 따를 자가 없었다. 램버트를 기리기 위해 친구들이 이 묘비를 세우다."라는 글귀를 새겼다. 하지만 한참의 세월이 흐른 뒤 묘비에는 '뚱보'라는 낙서가 새겨졌다고 한다. 예전과는 달리 램버트에 대한 인식이 크게 변했음을 보여준다.

우리나라에서도 경제적으로 어려운 시절에는 뚱뚱함이 긍정적으로 받아들여졌다. 1965년에는 서울시와 대한소아과학회의 주최로 '베이비 서울'

우량아 선발 대회가 열렸다. 이 대회에서는 통통하고 몸무게가 많이 나가는 아기들을 뽑아 상을 주었다. 당시 우리나라의 경제 상황과 영양 상태가 지금보다 좋지 않았기 때문에, 통통하게 살이 오른 아기를 보며 위안을 얻고 더 나은 미래를 기대했다.

이렇듯 불과 50여 년 전만 해도 뚱뚱함은 부의 상징으로 여겨졌다. 당시에는 부유한 사람들만이 뚱뚱해질 수 있었기 때문이다. 사람들은 "뱃살은 인품과 비례한다."라는 말도 흔히 했다. 지방을 몸에 저장하는 것은 비상시를 대비한 비축분으로 여겨졌다. 그러나 요즘에는 V라인 턱선이나 S라인 몸매 같은 군살 없이 매끈하고 날씬한 사람들을 부러워하며, 이를 미의 기준으로 삼는다. 뚱뚱함에 대한 사람들의 인식은 어떻게 이렇게 변화하게 된 것일까?

20세기 초 미국에서는 비만한 사람들에 대한 도덕적 판단이 생겨나기 시작했다. 즉, 비만이 폭식과 나태함의 상징으로 변하는 계기가 생긴 것이다. 그중 하나는 1912년에 보험계약자를 대상으로 시행된 연구였다. 이 연구에서는 체중이 증가할수록 사망률도 높아진다는 것을 밝혀냈다. 체중이 많이 나가 사망할 가능성이 큰 경우, 보험회사는 보험료를 더 책정했고 보험금 지급 가능성도 커졌기 때문에 비만을 부정적으로 여기는 것이 당연했다.

또 다른 계기는 제1차 세계대전이었다. 전쟁이 발발하면 식량이 부족해져 후방에서는 배급제가 시행되었다. 이때 배급을 받으러 나온 사람이 뚱뚱하면, "저 사람은 애국심이 없나 봐. 혼자 음식을 다 먹었나 보네."라는 비난을 받았다. 뚱뚱한 사람은 이기적이고 나라를 위하지 않는 사람이라는 평가를 받으면서, 사람들은 비만을 죄악시하게 되었다.

또한, 1900년대 초 영화 산업의 부흥은 날씬한 몸매에 대한 대중의 열망을 부추겼다. 당시 사람들은 극장 화면에 등장한 매끈한 할리우드 스타를 보며 그들을 닮고 싶어 했다. 할리우드 스타들은 이상적인 체형에 대한 대중적 이미지 형성에 큰 영향을 미쳤다. 실제로 1920~1930년대 미국에서는 중산층 여성들을 중심으로 새로운 다이어트 문화가 자리 잡았다. 1930년대부터는 비만의 위험성을 경고하는 의학 지식이 본격적으로 쏟아져 나왔다. 이렇게 뚱뚱한 몸을 부정적으로 바라보는 인식은 더욱 널리 퍼져 나갔다.

현대인은 왜 뚱뚱해졌을까?

전 세계 비만 인구는 이미 10억 명을 넘어섰다. 국제 학술지 『랜싯(The Lancet)』에 발표된 연구를 인용해 세계보건기구(World Health Organization)가 밝힌 바에 의하면, 2022년 기준 전 세계 인구의 여덟 명 중 한 명은 비만이다. 이 중 성인은 8.8억 명, 어린이와 청소년은 1.6억 명이었다. 성인은 체질량지수(body mass index, BMI: 몸무게(kg)를 키(m)의 제곱으로 나눈 값)가 30 이상이면 비만으로 분류했고, 어린이와 청소년의 비만 판정은 세계보건기구가 정한 별도의 기준에 따랐다. 비만 인구의 숫자 자체보다 더 걱정되는 것은 증가율이다. 1990년과 비교해 성인 비만은 2배 이상 증가했고, 어린이와 청소년 비만은 4배나 증가했다. 과체중(BMI 25 이상)까지 범위를 넓

히면, 전 세계 성인의 43%인 25억 명이 비만 위험군에 해당한다.

왜 이렇게 비만이 증가하고 있는 걸까? 사람들은 흔히들 우리가 많이 먹고 운동을 하지 않아서라고 생각한다. 즉, 탐식과 게으름 같은 개인적 책임이 현대사회에서 비만이 만연하는 원인이라고 보는 것이다. 하지만 어느 특정 순간부터 전 세계 사람들이 갑자기 많이 먹고 게을러졌다고 보기는 어려운 일이다. 또한, 사람들이 갑자기 살이 잘 찌는 체질로 변했을 가능성도 작아 보인다.

프란시스 들프슈(Francis Delpeuch)와 다른 3명의 저자가 지은 『강요된 비만(Globesity: A Planet Out of Control?)』과 배리 팝킨(Barry Popkin)이 쓴 『세계는 뚱뚱하다(The World Is Fat)』라는 책에서는 '사회적 비만'이라는 개념을 소개한다. 이 저자들은 최근 40여 년 동안 선진국과 개발도상국 모두에서 전 세계적으로 증가하고 있는 비만을 단순히 개인의 책임으로 설명할 수 없다고 주장한다. 현대사회에 비만이 만연하는 이유는 우리를 둘러싼 환경의 변화에 큰 원인이 있다는 것이다. 우리는 아마도 '비만 권하는 사회'에서 살고 있는지도 모른다. 우리 사회의 어떤 변화가 사람들을 살찌게 했을까?

우선 현대인의 식품 환경은 이전과 비교해 급격하게 변화했다. 1980년대 이후 고열량, 고당분, 고지방 함량을 특징으로 하는 초가공식품의 소비가 급증했다. 이런 식품은 가격이 저렴하고 맛이 좋아 많은 사람의 입맛을 단기간에 사로잡았다. 즉, 초가공식품은 음식으로부터 얻는 쾌락적 보상이 큰 기호성 높은 음식이다. 영화 속에서 찰리가 먹었던 음식도 대부분 피자나 치킨 같은 초가공식품이었다. 생활 방식도 크게 변했다. 급격한 도시화가 진행되면서 사람들의 신체 활동은 극적으로 줄어 일상적인 에너지 소비는 많이 감소했다. 경제적 요인도 비만 유행에 큰 역할을 했다. 소득이 적은 계층은 값싸고 열량만 높은 식품에 의존할 가능성이 커지고, 이는 체중 증가로 이어지기 쉽다. 현대사회는 대규모 광고와 마케팅 전략을 사용해 고열량 식품과 음료의 소비를 최대화한다. 특히 어린이들은 이런 광고에 현혹돼 건강하지 않은 식습관을 가질 가능성이 크다.

현대사회는 스트레스가 참 많다. 육체적 스트레스가 많았던 예전과 비교해서 현대인이 겪는 스트레스는 금방 해소되지 않는 정신적 스트레스가 대부분이다. 찰리와 같이 연인의 죽음 같은 심리적 스트레스 상황에서는 스트레스 호르몬인 코르티솔의 분비가 계속해서 증가한다. 코르티솔은 스트레스 상황을 잘 이겨 나가도록 혈당을 높이는 역할을 하지만, 동시에 식욕을 증가시키고 특히 고열량·고지방·고당분 음식에 대한 선호도를 높인다. 만성 스트레스를 받으면 식욕을 조절하는 호르몬인 렙틴(식욕 억제 호르몬)과 그렐린(식욕 촉진 호르몬)의 균형도 깨지기 쉽다. 렙틴은 감소하고 그렐린은 증가하니 식욕이 증가하는 조건이 된다. 또 스트레스 상황에서는 음식 섭취를 통해 정서적 위안을 찾게 된다.

비만은 경제적 살인자

찰리는 나날이 건강이 악화되지만, 병원에 가기를 완강하게 거부한다.

이미 치료받기 늦었다는 것을 알았을 수도 있지만, 비만으로 인한 여러 문제를 치료하려면 소요될 비용도 큰 부담이 되었을 것이다. 이처럼 비만으로 인해 우리 사회에 부과되는 비용은 나날이 늘어나고 있다. 비만으로 인한 사회·경제적 비용은 비만 치료에 드는 직접적인 의료 비용, 비만에 대처하는 사회적 비용, 비만 때문에 발생하는 생산성 저하에 따른 경제적 손실 등이다. 비만 관련 비용은 전쟁 및 테러 관련 비용이나 흡연 관련 비용과 엇비슷하고, 알코올·문맹·기후변화 관련 비용보다 더 많다.

2012년 삼성경제연구소는 「비만의 사회·경제적 위협과 기회」라는 흥미로운 보고서를 발간했다. 이 보고서에 의하면 우리나라 여성의 살 빼기 노력은 세계에서 가장 높다고 한다. 지난 10년 동안 비만 인구 증가율은 150%에 이르렀고, 2011년 성인 비만으로 인한 사회적 비용은 3.4조 원에 달했다. 놀랍게도 여성의 95%가 자신이 뚱뚱하다고 느낀다고 답했다. 40~60세 남성의 과체중 비율은 40%를 넘었으며, 다이어트 산업의 규모는 3조 원 이상인 것으로 조사되었다. 이는 믿기 어려울 만큼 엄청난 통계 수치로 보인다.

국민건강보험공단 발표에 따르면, 우리나라에서 비만으로 인한 사회·경제적 비용은 2017년부터 2021년까지 5년간 연평균 7% 증가했다. 2021년 기준으로 비만으로 인한 사회·경제적 손실액은 무려 약 16조 원에 이른다. 이 중 의료비가 51% 수준으로 가장 큰 비중을 차지하고, 생산성 저하액·생산성 손실액·조기 사망 관련 금액·병구완비·교통비 등이 포함된다. 성별로는 남성이 여성보다 많았고, 연령대별로는 50대가 가장 많았고, 그 뒤를

60대와 40대가 이었다.

　비만 환자는 치료에 비용이 들 뿐만 아니라 기회 손실로 인해 수입이 감소할 수 있다. 즉, 일을 쉬게 되면 그 기간 동안 수입이 줄어들고, 간호하는 가족이 일을 쉬어야 할 경우 가정 수입도 줄어들 수 있다. 일할 수 있는 연수가 줄어들고, 수명이 단축되기 때문에 평생 얻는 수익도 감소할 수 있다. 따라서 비만은 특히 저소득층에는 경제적 살인자이다.

　매년 비만 문제는 저소득층에서 더욱 심각해지고 있다. 소득 상위 그룹과 하위 그룹 간의 비만율 격차는 해마다 커지고 있으며, 저소득층 중에서도 여성의 비만율이 상당히 높다. 소득이 낮을수록 비만의 가능성은 커지지만, 비만을 치료할 가능성은 더 낮아진다. 한 조사에 따르면, 저소득층에서는 고소득층의 3분의 1 정도만이 비만을 치료하고 있다고 한다. 이는 건강의 양극화 현상이 벌어지고 있다는 것을 의미한다.

　따라서 비만은 단순히 개인의 식습관이나 활동량의 문제가 아니라 소득 수준과 연결된 사회적인 문제라고 할 수 있다. 저소득층의 비만 문제는 성인뿐만 아니라 청소년 자녀에게도 영향을 미칠 수 있다. 가구 소득이 높은 가정일수록 자녀의 비만율이 낮다. 경제적 수준이 낮을수록 자녀의 비만 위험성이 증가하는 이유는 여러 가지가 있다. 운동 시설에 대한 접근성이 떨어지고, 스마트폰이나 TV 시청 등 비활동적인 여가가 늘어나며, 상대적으로 비싼 신선한 건강식품을 구매할 가능성은 줄어들 것이다. 반대로 값싼 고열량·저영양 식품을 구매하고 섭취할 가능성은 커지게 된다.

인격의 살인자, 비만 낙인

찰리는 엄청나게 불어난 지방으로 인해 심각한 가슴 통증 등 건강상의 문제점을 보인다. 이처럼 비만이 건강에 미치는 영향도 물론 중요하지만, 비만이 미치는 사회적인 영향에도 주목해야 한다. 우리 주변에는 비만에 대한 따가운 시선 때문에 상처받고 홀로 지내는 사람들이 많다. 현대사회의 비만 문제를 해결하려면 무엇보다 비만에 대한 인식 개선이 필요하다.

대한비만학회가 세계 비만의 날을 맞이해 2023년 발표한 「비만 인식 현황 조사」에 따르면, 젊은 여성일수록 외모를 중시하는 사회 분위기와 시선을 많이 느끼고 있으며 비만인에 대한 사회적인 편견이나 차별 때문에 체중 관리를 한다고 답했다. 전체 응답자의 61%가 '우리 사회가 비만이라는 이유로 무시하고 차별하는 경향이 있다'라고 답했는데, 특히 여성에서 그렇다고 답한 비율(71%)이 남성에서 답한 비율(52%)보다 더 높았다. 이는 여성이 남성보다 비만으로 인한 차별이나 낙인을 더 크게 경험하는 것을 의미한다.

"우리 사회는 비만한 사람을 만들어 낸다. 하지만 우리 사회는 그들을 견뎌 내지는 못한다!" 이 말은 『강요된 비만』에서 나온 구절이다. 비만인을 바라보는 우리의 시선을 잘 정리한 말이지 않을까? 사회적으로 비만인은 증가하고 있지만, 우리는 그들을 잘 보듬어 주지 못하고 있다. 특히 비만 아동에게서 나타나는 정신적·사회적 후유증은 매우 큰 것으로 알려져 있다. 성인병과 따돌림으로 상처받는 아이들이 많다. 놀랍게도 한 연구에 따르면, 초고도 비만 아동의 삶의 질은 항암 화학요법을 받는 아이들이 느끼는 삶의 질과 비슷하다고 한다.

이처럼 비만한 사람들에 대해 다른 사람들이 보이는 부정적인 태도나 편견을 '비만 낙인(obesity stigma)'이라고 한다. 이에 따라 비만인들은 직장이나 학교, 일상생활에서 차별을 경험하는 경우가 많다. 비만한 사람을 자기관리가 부족하거나 의지가 약하다고 판단하는 일도 흔히 발생한다. 비만 낙인은 비만한 개인의 정신 건강에 부정적인 영향을 줄 수 있다. 자존감이 떨어지고 우울증이나 불안증을 경험하는 비율도 증가할 수 있다. 또한, 비만한 사람들은 타인의 시선 때문에 의료적 처치를 받는 것을 꺼려 건강에 더욱 악영향을 미치기도 한다.

우리나라 사람들이 미국 공항에 도착했을 때 놀라는 점 중 하나는 BMI 40 이상인 초고도 비만인이 많다는 것이다. 길거리에서도 쉽게 볼 수 있다. 하지만 우리나라에서는 주변에서 초고도 비만인을 잘 보지 못한다. 그 이유는 그들이 은둔 생활을 하기 때문이다. 2010년에 방송된 KBS 프로그램 〈추적 60분〉 '영혼의 살인자: 초고도 비만' 편의 도입부에서는 이렇게 말한다. "사람들의 따가운 시선 때문에 외톨이로 변해 가는 사람들이 있다. 그들은 초고도 비만인이다." 초고도 비만인은 대중교통을 잘 이용하지 못한다. 맞는 기계가 없어서 CT 촬영을 하기도 힘들고, 식당에 가면 의자가 부서질까 봐 무서워 잘 앉지 못한다. 또한, 각종 비만 합병증으로 인한 죽음의 공포를 항상 안고 살아간다.

앞서 우리는 보통 비만에 대해 긍정적인 이미지보다는 부정적인 이미지를 가지고 있다고 말했다. 그렇다면 일반인이 아닌 비만 환자를 직접 치료하는 의료 종사자들의 경우는 어떨까? 2019년 스코틀랜드 글래스고에서 열린 제26회 유럽비만학술회의에서는 비만인과 보건의료 전문가 간의 비만 치료에 대한 인식·태도·행동의 차이 및 장벽을 확인하기 위한 국제적 규모의 연구 결과가 발표되었다. 이 연구에는 5개 대륙 11개국에서 14,500여 명의 비만인과 2,800여 명의 보건의료 전문가가 참여하였다. 우리나라에서도 1,500여 명의 비만인과 200여 명의 보건의료 전문가가 참여했다. 연구 결과에 따르면, '체중 감량에 관한 관심'에 있어서 비만인과 보건의료 전문가 사이에 명확한 인식 차이가 있다는 것이 발견되었다.

"체중 감량에 대한 책임은 누구에게 있을까요?"라는 질문에 대해 응답자의 80%는 본인에게 있다고 답했다. "비만한 사람들은 체중 감량에 관심이 있나요?"라는 질문에서는 비만한 사람의 93%가 "네, 물론 관심 있어요."라고 답했지만, 보건의료 전문가 중에서는 29%만이 관심이 있을 것이라고 응답했다. "비만인들이 과거에 한 번 이상은 진지하게 체중 감량을 위해 노력했나요?"라는 질문에 비만한 사람은 81%가 "그럼요! 나는 체중 감량을 위해 열심히 노력했어요."라고 답했지만, 보건의료 전문가는 35%만이 "그렇다."라고 답했다. 보건의료 전문가들은 비만인들이 진지하게 체중 감량을 위해 노력하지 않는다고 인식하고 있었다. 두 그룹 간의 명확한 인식 차이가 눈에 드러난다.

이 연구에 참여한 평생 비만을 겪어 온 한 여성의 이야기는 많은 점을 시사한다. 그녀는 주치의와 체중에 관해 이야기할 용기가 없었다. 실제로 비만인은 체중 감량에 어려움을 겪기 시작한 후 평균 6년이 지나서야 전문가와 상담한다고 한다. 그녀는 자기 뱃살을 누르면서 "이거 빼지 않으면 죽을 수도 있어요."라고 하는 의사보다 "현재 체중에 대해 같이 이야기 좀 나눠 볼까요? 좀 걱정되는데, 본인도 그렇죠?"라거나 "체중 감량을 위해 뭘 할 수 있을지 함께 의논해 봅시다."라고 말하는 전문가가 필요하다고 느꼈다. 그녀는 의료진이 비만에 대한 인식을 바꾸기를 원했다. 비만 환자는 게으르고 자기 관리를 하지 않는다는 편견이 비만 치료를 받기 어렵게 만든다는 것이었다.

이러한 인식의 틈새를 좁히고 비만인이 겪는 낙인을 줄이기 위해, 의료 현장에서 다음과 같은 소통 방식을 적극적으로 고려해 볼 수 있다.

- 사람 우선 언어 사용하기: '비만 환자'라는 표현은 그 사람의 정체성을 질병과 동일시할 수 있다. 그 대신 '비만을 가진 사람' 또는 '비만인'으로 지칭함으로써, 비만이 그 사람의 일부일 뿐 전부가 아님을 인정하고 존중을 표현할 수 있다.
- 낙인 없는 대화 시작하기: 다짜고짜 "살을 빼셔야 합니다."라고 말하기보다, 먼저 허락을 구하며 대화를 시작하는 것이 중요하다. 예를 들어, "괜찮으시다면 오늘 체중에 대해 함께 이야기 나눠 봐도 괜찮을까요?"라고 묻거나, "체중 때문에 일상생활에서 겪는 어려움은 없으신가요?"와 같이 개방형 질문으로 환자 스스로 자신의 상태를 이야기하도록 유도할 수도 있다.
- 체중 너머의 건강 목표 설정하기: 체중 감량만이 유일한 성공 척도가 되

어서는 안 된다. "지난번보다 혈압이 안정되었네요. 꾸준히 걷기 운동을 하신 덕분인 것 같습니다."와 같이 체중 변화가 없더라도 긍정적인 생활 습관의 변화나 다른 건강 지표의 개선을 함께 칭찬하고 격려하는 것이 환자의 치료 동기를 유지하는 데 훨씬 효과적이다.

『강요된 비만』에서는 의사들이 비만에 대한 훈련이 충분하지 않으며 비만에 대한 이해가 부족하다고 지적한다. 전문 의료진의 무관심, 고도비만이 아닌 초기 비만이나 중등도 비만에 대한 치료를 포기하거나 소홀히 하는 자세, 부적절한 진단 혹은 미흡한 예방 등이 비만 문제를 해결하는 데 가장 큰 장애물이라고 할 수 있다. 이는 의료진에게만 해당하는 말은 아닐 것이다. 비만에 대한 우리의 전반적인 인식이 변화한다면, 현대사회에 만연한 비만 문제의 해결에 한 발짝 더 가까워질 수 있을 것이리라고 생각한다.

더 생각해 볼 문제

① 영화에서 찰리는 울혈성심부전 때문에 수시로 심한 가슴 통증을 호소한다. 찰리의 몸속에서 과도하게 증가한 지방이 부정적인 영향을 미쳤기 때문이다. 비만으로 인한 질환은 크게 두 가지로 나뉜다. 첫째로 지방 축적에 따른 대사 기능의 변화로 인해 생기는 질환, 둘째로 지방 축적 자체가 부담되어서 나타나는 질환, 즉 몸무게가 늘어서 나타나는 질환이다. 비만으로 인해 발생할 수 있는 신체적 합병증을 그 상대 위험도(relative risk)에 따라 자세히 알아보자.

② '비만 편견'이라는 개념은 1990년대 미국의 비만 인구가 급격히 증가하면서 사회적인 주목을 받았다. 미국의 경우 비만인에 대한 편견을 줄이기 위해 다양한 교육을 시행하고 있으며 비만에 대한 편견을 평가할 수 있는 다양한 자가 보고형 설문 도구가 개발되었다. 주로 비만에 대한 개인의 태도·믿음·행동을 평가하는 '비만 편견 측정 도구'에는 어떤 것이 있는지 알아보자.

더 찾아볼 작품

책 『강요된 비만』

프랑시스 들프슈(Francis Delpeuch) 등이 집필했으며 부희령의 번역으로 2012년 출판되었다. "늘어진 뱃살은 당신 책임이 아니다."라는 도발적인 문구로 비만 문제를 사회구조와 경제 환경의 관점에서 파헤친 작품이다. 저자들은 이 책에서 다양한 통계자료를 바탕으로 전 세계적인 비만 위기를 말한다. 또 비만을 유발하는 현대사회의 환경이 어떻게 조성되는지 설명하고, 비만 문제를 해결하기 위한 해결책도 제시한다.

책 『세계는 뚱뚱하다』

배리 팝킨(Barry Popkin)이 집필했으며 신현승의 번역으로 2009년 출판되었다. 전 세계적으로 심각한 사회문제로 대두된 비만을 조명한 책이다. 생활양식의 변화가 우리 몸에 미치는 영향을 연구해 온 저자는 선진국보다 개발도상국에서 비만 인구가 빠르게 증가하고 있다는 점을 주목하고 이로 인한 폐해를 경고한다. 또 비만 문제를 극복하기 위해 개인의 변화는 물론 정책적 뒷받침이 필요하다고 강조했다.

영화 〈슈퍼 사이즈 미(Super Size Me)〉

영화감독 모건 스펄록(Morgan Spurlock)이 제작해 2004년 개봉한 다큐멘터리 영화다. 감독 스펄록은 "한 달 내내 패스트푸드만 먹고 살면 몸이 어떻게 될까?"라는 질문을 던지고, 자기 몸을 실험 대상으로 삼아서 패스트푸드가 건강에 미치는 영향을 영화로 기록했다. 이 영화가 개봉

된 후 대중은 과도한 패스트푸드 섭취의 위험성을 알게 되었다. 스펄록은 이 영화로 선댄스 영화제에서 감독상을 받았고, 맥도날드는 영화 공개 후 슈퍼사이즈 메뉴를 빼고 그 대신 신선한 과일과 샐러드를 넣었다.

낙태를 선택할 수 있을까?

― 영화 〈레벤스망〉과 〈24주〉를 중심으로 본 임부의 자기결정권

조 태 구

태아의 생명권과 임부의 자기결정권

낙태를 둘러싼 논쟁들은 많은 경우 임부의 자기결정권과 태아의 생명권, 이 두 대립하는 가치의 충돌이라는 익숙한 구도 속에서 전개된다. 그러나 적어도 법의 영역에서 이러한 대립은 처음부터 공정하지 않다. 생명권은 다른 모든 기본권이 자신의 설립 조건으로 전제해야 하는 '기본권의 기본권'으로서 언제나 보호의 우선순위에서 다른 기본권에 앞설 수밖에 없다. 또한, 자기결정권은 타인의 자유와 권리를 침해하지 않는 한에서만 성립할 수 있다는 내재적 한계가 있으므로 태아의 생명권과의 대립 속에서 손쉽게 소멸해 버린다. 이석배가 말한 바처럼, 임부의 자기결정권과 태아의 생명권 간의 대립은 언제나 낙태죄 존치론이 승리할 수밖에 없는 논증 구조를 설립한다.(이석배, 2018; 93쪽) 따라서 낙태를 둘러싼 논쟁들은 필연적으로 이 불공정한 대립 구도의 설립 가능성 자체에 대한 논쟁으로 변경된다. 이제 문제는 이 대립 구도의 진실성이며, 진실성의 여부는 태아의 생명권이 실제로 존재하는가에 달려 있다. 즉 "태아의 생명권을 인정해야 하는가?" 보다 구체적으로, "태아는 생명권의 주체가 될 수 있는 사람인가?"의 여부가 낙태를 둘러싼 논쟁들이 다투는 핵심 쟁점이다.

우선 낙태를 찬성하는 사람들에게 태아는 아직 사람이 되지 못한 발달 중에 있는 세포 덩어리에 불과하며, 따라서 생명권의 주체가 될 수 없다. 낙태하는 일은 인격체인 사람을 살해하는 일이 아니라 자신의 몸으로부터 원하지 않는 세포 덩어리를 제거하는 일로서 법적으로나 도덕적으로나 허용될 수 있는 일이다. 반면 낙태를 반대하는 사람들에 따르면, 한 생명체의 본질과 동일성의 근원은 수정이 이루어질 때 형성되는 유전자로 확정된다. 따라서 성인 인간의 유전적 특성을 온전히 가지고 있는 태아는 수정이 이루어지는 그 순간부터 곧 사람이며 생명권의 주체이다. 수정 이후 출생에 이르는 일련의 과정 가운데 어떠한 시점을 기준으로 사람과 사람 아님을 구분하는 일은 임의적인 선택일 뿐이며, 낙태는 태아의 발달 과정 어느 순간에 이루어지든 사람을 살해하는 살인 행위로서 법적으로는 물론 도덕적으로도 허용될 수 없는 일이다.

이렇게 낙태를 찬성하는 사람들과 반대하는 사람들은 자신들만의 입장을 고수하며 해결될 기미가 없는 이 논쟁을 오늘날까지 지루하게 반복하고 있다. 그런데 여기서 주목할 지점은 이러한 낙태와 관련된 논쟁들에서 문제가 되는 것은 언제나 태아의 생명권이며, 임부의 자기결정권은 대부분의 경우 자명하다는 듯 전제된다는 사실이다.

그러나 임부의 자기결정권은 그 자체로 자명한 것이 아니다. 우선 임신과 관련하여 여성이 자신의 몸에 대해 가지는 권리는 오랜 투쟁 끝에 획득한 권리로서 역사적 진보의 산물이다. 그것은 자연적으로 주어진 것이 아니라 역사적 맥락 속에서 쟁취한 권리이며, 이는 오늘날 미국의 상황에서 확인할 수 있는 것처럼, 이 권리가 정치적 상황의 변화에 따라 언제든지 위협받을 수 있는 불완전한 권리라는 점을 암시한다. 그런데 이러한 자기결정권의 역사성은 그것이 시대적 상황에 따라 의미를 달리하며, 또한 새로운 의미를 획득할 수 있음을 시사한다. 가령 의학 기술의 발달은 임부의 자기결정권의 폭을 비약적으로 넓혀 놓았음에도 불구하고, 바로 그 점으로 인해 임부가 자기결정권을 행사할 때 고려해야 할 윤리적이고 사회적인 문제들을 증가시켰다. 이제 임부의 자기결정권은 단순히 자기 몸에 대해 가지는 배타적 권리라는 의미를 넘어, 윤리적이고 사회적인 의미를 가지며, 이러한 의미들은 자기결정권의 행사 주체인 임부로 하여금 무거운 책임을 짊어진 윤리적 주체가 될 것을 요구한다.

오드리 디완(Audrey Diwan) 감독의 영화 〈레벤느망(L'événement)〉과 안네 초라 베라체트(Anne Zohra Berrached) 감독의 영화 〈24주(24 Wochen)〉는 각각 1963년의 프랑스와 2010년대의 독일을 배경으로, 낙태를 실행하게 되는 여성의 경험을 사실주의적 기법으로 그려 냈다. 비록 임부의 자기결정권이 전혀 인정되지 않았던 과거 프랑스와, 임부의 자기결정권이 폭넓게 인정되고 있는 현재 독일이라는 서로 다른 사회를 배경으로 하고 있지만, 이 두 영화는 선형적 서사 구조, 핸드헬드 카메라와 근접 촬영을 활용한 카메라 워크, 점프컷의 활용 등에서 놀라울 정도의 형식적 유사성을 보여준다. 그러나 이러한 형식적 유사성에도 불구하고, 각각의 영화가 재현하는 두 여성의 선형적 서사는 서로 다른 시대적 배경으로 인해 영화 속 인물들에게도, 또 관객들에게도 전혀 다르게 체험된다. 낙태라는 동일한 행위에 대한 두 여성의 경험은 역사적 맥락에 따라 전혀 다른 사회적·문화적·윤리적 의미를 지니게 되는 것이다.

살과 뼈로 체험되는 낙태

영화 〈레벤느망〉은 노벨 문학상 수상자인 아니 에르노(Annie Ernaux)가 2000년에 발표한 동명의 소설 『사건(L'événement)』을 원작으로 한다. 따라서 영화 〈레벤느망〉은 소설 『사건』의 서사를 영상으로 충실히 재현하면서도, 소설의 모든 것을 담아 내는 대신 영화를 연출하는 감독의 의도에 따라 보여주고 싶은 바를 선택한다. 이러한 선택은 무엇보다 영화의 구성에서 드러난다. 사실, 소설 『사건』은 작가 에르노 자신이 20대 초반 실제로 겪은 낙태 경험을 1인칭 관점으로 증언하고 있는 소설로서, 과거를 회상하며 소설을 쓰고 있는 현재 에르노의 시점과 낙태를 직접 체험하는 20대 초반 과거 에르노의 시점이 교차하면서 구성된다. 반면, 영화 〈레벤느망〉은 과거를 회상하는 현재의 관점을 배제하고 오롯이 1963년 20대 초반 나이에 낙태를 체험하는 안느(아나마리아 바르톨로메이 분)의 현재 관점에만 몰두할 뿐이다. 영화 〈레벤느망〉의 이러한 선택, 즉 회고적 관점의 배제는 과거의 체험을 성찰할 수 있는 비판적 거리를 상실하게 만들지만, 그 대신 낙태 체험에 관한 이야기를 지금 여기서 실현되는 '물리적 경험(expérience physique)'으로 전환시킨다(Diwan, 2021). 영화를 연출한 디완은 이렇게 소설의 이야기를 이미지로 번역하는 과정을 '몸적 정의(définition charnelle)'를 찾는 과정이었다고 말한다. 관객들은 그녀가 찾은 이 '몸적 정의'를 따라, 낙태가 전면 금지된 상황에서 임신 사실을 알게 되고, 목숨을 건 불법 낙태를 한 뒤, 다시 일상으로 돌아오는 안느의 체험을 영화의 시작에서부터 끝까지 핸드헬드 카메라를 통해 안느를 따라다니며 살과 뼈로 느끼게 된다. 소설 『사건』이 제시하는 과거 자신의 낙태 경험에 대한 증언은 영화 〈레벤느망〉을 통해 말해지는 것이 아니라, 생생하게 체험된다.

  영화의 스토리 자체는 단순하다. '3주차', '4주차', '5주차', '7주차', '9주차', '10주차', '12주차' 임신주수를 나타내는 화면 자막이 지나감에 따라, 안느는 자신이 임신한 사실을 알게 되고, 임신을 '세상 끝나는 일'로 여기는 사회적 분위기 속에서 우등생이었던 안느는 대학에서 공부를 계속하기 위해 낙태를 원한다. 그러나 낙태를 엄격하게 금지하고 있는 시대적 상황에서 의사도, 그녀의 친구들도 그녀를 돕지 않는다. 고민 끝에 안느는 식당을 하고 있는 부모님의 집에서 가져온 뜨개질바늘로 직접 낙태를 시도하지만 실패하고, 이제 그녀의 생활은 강의실에서 교수의 질문에 아무런 대답도 하지 못할 정도로 무너져 버린다. 다행히 10주차가 지난 어느 날 이전에 안느의 도움 요청을 거절한 장(케이시 모테트 클라인 분)의 주선으로 낙태 경험이 있는 레티티아(알리스 드 랑케상 분)를 만난다. 안느는 그녀로부터 불법 낙태 시술을 하는 리비에르 부인(안나 무글라리스 역)을 소개받고, 12주차에 접어든 어느 날 카르디네가의 어느 집에서 낙태 시술을 받게 된다. 그러나 첫 번째 시술은 실패로 끝나고, 리비에르 부인의 경고에도 불구하고 목숨을 걸고 감행한 두 번째 시술에서 안느는 낙태에 성공하지만 과다 출혈때문에 병원으로 실려 가게 된다. 병원 불빛을 바라보며 누워 있는 안느는 그녀에게 '유산(fausse couche)'이라고 진단명을 내리는 의사의 목소리를 듣는다. 이제 안느의 시선을 따라 천장의 병원 불빛을 비추던 카메라는 점차 새하얗게 물들었다 완전히 사라지고, 그 하얀빛은 햇살로 전환된다. 그리고 이 햇살 속에서 건강을 회복한 채 시험을 보러 가는 안느를 따라 카메라는 강의실로 들어간다. 강의실에서 교수는 시험을 시작하기 전에 학생들에게 빅토르 위고의 시 〈출격(la sortie)〉을 낭독해 주고, 영화의 마지막 말, 교수의 "펜을 드세요.(Prenez vos stylos.)"라는 말에 따라 안느는 펜을 들고 영화는 끝이 난다.

앞서 말한 것처럼, 이런 단순한 스토리를 통해 전달되는 것은 낙태에 대한 생생한 체험이다. 손거울로 비추며 자신의 질 안으로 뜨개질바늘을 밀어 넣는 안느의 움찔거림, 첫 번째 낙태 시술 도중 질 안으로 삽입되는 탐침관으로 인한 고통을 참는 안느의 부들거림과 조용히 할 것을 요구하며 안느를 빤히 쳐다보는 리비에르 부인의 눈빛, 그리고 두 번째 시술 뒤 침대 위에서 몸부림치는 안느의 신음 소리와 안느가 화장실로 기어 들어간 뒤 들리는 무언가 뿜어져 나오는 듯한 '푹' 하는 괴상한 소리, 피가 사방으로 튀긴 하얀색 변기와 그 위에 서 있는 안느의 성기로부터 빠져나와 대롱대롱 매달려 있는 새빨간 핏덩이까지, 이 모든 것이 화면을 통해 생생하게 체험된다.

영화가 의도한 것은 무엇보다 이러한 체험이다. 사실 낙태를 다룬 수많은 작품들이 있었지만, 낙태를 실행하기 이전과 이후의 사건들이 아니라, 낙태라는 사건 자체를 다룬 작품들은 많지 않다. 수많은 작품들에서 낙태를 하는 장면은 빈자리로 남아 있다. 에르노의 소설 『사건』이 이룬 성취가 바로 이 빈자리를 메운 것이었으며, 영화 〈레멘느망〉은 에르노가 소설에서 생생하게 묘사한 낙태에 대한 이 체험을 영상으로 옮기는 데 성공했다. 안느의 육체적 아픔이 그대로 관객들에게 전해져 온다.

선택지 없는 선택

2025년 현재 프랑스가 낙태권을 헌법에 명시한 유일한 국가라는 점을 떠올릴 때, 영화 〈레벤느망〉이 보여주는 상황은 쉽게 이해되지 않는다. 그러나 프랑스에서 낙태가 조건부로나마 합법화된 것은 1975년에 이르러서이다. 프랑스에서 낙태는 1791년 「형법」과 1810년 「나폴레옹 형법」 제317조에 의해 징역형으로 처벌되었으며, 19세기 말부터 20세기 초까지 이어진 심각한 저출산 현상을 극복하기 위해 1920년 제정된 「낙태와 피임 처벌법」은 낙태 행위뿐만 아니라 이와 관련된 언설을 하거나 도구를 판매하는 행위까지도 처벌 대상으로 삼았다. 나아가, 보수적 이데올로기에 기반을 두었던 비시 정권은 1942년 낙태를 '국가 안위에 반하는 범죄'로 규정하고 최고 사형으로까지 처벌할 수 있도록 만들었으며, 실제로 조산사 마리-루이스 지로(Marie-Louis Giraud)가 이 법에 따라 1943년 기요틴으로 처형되기도 하였다. 비시 정부 체제에서 제정된 법들은 프랑스의 해방 이후 대

낙태가 엄격하게 금지되어 있던 시절, 달리 방법을 찾지 못한 안느는 스스로 낙태를 시도해 보려고 고향 집에서 몰래 가져온 뜨개질바늘을 불로 소독한다.

부분 효력을 상실하였지만, 1920년 제정된 이 「낙태와 피임 처벌법」만은 1960~1970년대 피임 자유화와 낙태 합법화가 이루어지기 전까지 유지되었다(민유기, 2018, 90-91쪽).

프랑스에서 변화가 시작된 것은 1950년대 후반이었다. 1956년 결성된 '프랑스가족계획운동(Mouvement Français pour le Planning Familial)'의 노력으로 1967년 제정된 「뇌비르트법」은 피임을 부분적으로 허용했으며, 1968년 5월 혁명은 여성의 성적 자율성에 대한 인식 변화를 촉진했다. 그리고 1970년 결성된 '여성해방운동(Mouvement de Libération des Femmes)'을 중심으로 낙태 합법화 운동이 본격화되었으며, 1971년 시몬 드 보부아르(Simone de Beauvoir)가 작성하고 카트린 드뇌브(Catherine Deneuve)와 프랑스와즈 사강(Françoise Sagan) 등 유명 배우들과 작가들이 참여한 '343인 선언(Manifeste des 343)'을 계기로 낙태에 대한 합법화 요구는 프랑스 전역으로 급속히 확산되어 정치적 쟁점이 되었다. 결국 이러한 움직임은 1975년 시몬 베일(Simone Veil) 보건부 장관이 주도한 「베일법(Veil Act)」의 통과로 이어지고, 이로써 프랑스에서는 임신 10주 이내 태아에 대한 낙태가 조건부로 허용되었다.

이러한 역사적 사실은 영화 〈레벤느망〉의 주인공 안느가 처해 있던 상황을 이해할 수 있게 해 준다. 영화의 배경이 되는 1963년은 낙태는 말할 것도 없고, 피임조차 법으로 금지된 시대였다. 물론 피임과 낙태의 자유를 주장하는 목소리가 없던 것은 아니었지만, 아직 미미한 수준이었다. 영화에서는 언급되지 않지만, 안느에게 도움을 주는 장은 소설에서는 '프랑스가

족계획운동'에 참여하고 있던 인물로 적시된다. 안느가 자신의 친한 친구들보다 그에게 먼저 도움을 요청한 이유가 이것이다. 그러나 소설에서와 마찬가지로 영화에서도 장은 자신의 임신 사실을 알리며 도움을 청하는 안느에게 성관계를 맺으려고 시도한다. 임신했으니 안전하지 않냐는 것이 그의 말이었다. 그러한 시대였고, 임신을 한 안느에게 낙태라는 선택지는 적어도 법적으로는 주어진 바 없었다. 따라서 병원에 누워 있던 안느에게 '유산'이라는 진단명이 내려졌을 때, 이는 그녀에게 찾아온 하나의 행운이었다. 장의 소개로 레티티아와 만나 낙태 과정에 대한 설명을 들었을 때, 레티티아는 안느에게 자신은 병원까지 가지 않아 다행이었고, 병원에 가게 되면 거기서부터는 전적으로 운에 달렸다고 설명한 바 있다. 의사가 유산으로 분류해 줄 수도 있지만, '낙태'로 기록해 버릴 수도 있다. 그리고 만약 낙태로 분류된다면, 레티티아가 말하길, "넌 죽지 않으면, 결국 감옥에 가게 돼.(Si tu meurs pas, tu finis en prison.)"

그렇다고 안느에게 아이를 낳는 선택지가 주어져 있던 것도 아니다. 영화 초반부 강의실 장면에서 안느와 친구들은 결혼 때문에 자퇴를 하는 동료 학생에 대해 얘기를 나눈다. 결혼을 한다는 것, 심지어 아기를 낳는다는 것은 안느에게 대학 생활의 끝을 의미했다. 영화에서는 단지 암시되고 있을 뿐이지만, 소설에서는 당시 대학생이라는 신분이 특권 계층이었음을 명확히 드러내고 있다. 가령, 낙태 후 병원에서 치료에 대해 질문하는 아르노에게 "난 빌어먹을 배관공이 아니야!(Je ne suis pas le plombier!)"라고 답한 인턴은 그녀가 대학생이라는 사실을 안 뒤, 대학생인 그녀를 방직물 공장 노동자나 슈퍼마켓 점원처럼 취급했다는 사실에 수치심을 느낀다. 따라서 식당을 운영하는 서민층 집안 출신인 안느가 대학생이라는 사실, 대학 생활을 마친다는 사실은 그녀의 신분 상승을 의미한다. 더구나 그녀는 교수가 특별한 관심을 보일 정도로 뛰어난 우등생이었다. 첫 번째 낙태 수술을 받은 뒤 교수를 찾아 시험을 볼 수 있게 해 달라고 부탁하는 안느에게 교수는 아팠었냐고 묻는다. 안느는 '여성들만이 걸리는 병, 여성들을 가정주부로 만드는 병(le genre de maladie qui ne frappe que les femmes et qui les transforme en femmes au foyer)'에 걸렸었다고 답한다. 그리고 이제 중요하지 않게 되었다고 덧붙인다.

결국 그녀에게는 선택지가 없었다. 아이를 낳는다면 그건 선택이 아닌 강요에 의한 것일 뿐이며, 그것도 그녀의 삶 자체를 포기하라는 강요에 의한 것일 뿐이다. 따라서 선택지가 없는 상황에서 선택을 하기 위해 안느는 자신이 스스로 선택지를 만들 수밖에 없었다. 목숨을 건 불법 낙태를 감행했고, 운이 따라 준 결과 감옥이 아니라 강의실로 돌아올 수 있었다. 이러한 낙태로부터 그녀가 얻은 감정은 당연하게도 성취감이다. 소설은 이 감정을 '자긍심(fierté)', '다른 이들은 결코 가려고 하지 않는 곳까지 경험해 본 사람들만이 느낄 수 있는 자긍심(celle d'être allés jusqu'où les autres n'envisageront jamais d'aller)'이라고 표현한다. 이제 자긍심으로 가득 찬 그녀는 교수가 낭독해 준 빅토르 위고의 시에 맞춰 '고개를 세운 채, 깃발과 성스러운 누더기를 높이 들고(Tête haute, élevant son drapeau, saint haillon)' '출격'한다. 펜을 들고 잠시 멈추었던 자신의 삶을 다시 시작한다. 여기에 후

회는 없다. 자신의 뱃속에 있던 사람이 될 가능성이 있던 존재에게는 "미안해, 용서해줘.(Je suis désolée, excuse-moi.)"라는 상투적인 말만을 남길 뿐이다. 낙태 관련 서사에서 흔히 등장하는 죄책감은 여기에 끼어들 자리가 없다. 사실, 없는 존재에게 죄책감을 가질 수는 없는 일이다. 영화 전체에서 태아는 안느에게 매달린 새빨간 핏덩이로만 단 한 번 등장할 뿐이고, '태아(fœtus)'라는 단어조차 영화 전체에서 딱 한 번, 그것도 안느가 아닌 의사의 입을 통해 발화될 뿐이다.

갈등으로 체험되는 낙태

이제 안네 초라 베라체트 감독의 2017년작 〈24주〉를 살펴보자. 영화 〈24주〉는 유명 스탠드업 코미디언 아스트리드(줄리아 옌체 분)가 자신이 임신한 태아가 다운증후군이며, 심지어 심장병을 가지고 있다는 사실을 인지하고 내외적인 갈등 끝에 결국 낙태를 하고 일상으로 복귀하기까지의 과정을 다룬다. 영화 제목 〈24주〉는 임신에서 낙태까지의 시간이며, 아스트리드가 자신 안에 한 생명을 품고, 그와 작별하기까지 함께 한 그 시간을 가리킨다. 영화 〈레벤느망〉과 마찬가지로 낙태를 감행하는 한 여성의 체험을 시간의 흐름에 따라 재현했지만, 영화 〈24주〉는 〈레벤느망〉이 낙태와 관련된 몸의 체험을 전달하려 한 것과는 달리, 낙태와 관련된 정신의 체험, 즉 낙태라는 문제가 야기하는 갈등 상황을 전달하려고 한다.

영화는 크게 다섯 단계로 나누어진다. 나름대로 평온했던 아스트리드의 일상이 태어날 아이가 다운증후군이라는 진단을 받고 흔들리기 시작하기까지가 첫 번째 단계를 이루고, 그럼에도 아이를 낳기로 결심한 아스트리드가 태아의 심장에 이상이 있음을 직감하는 순간까지가 두 번째 단계, 태아의 심장에 두 개의 구멍이 있어 수술해야 한다는 사실을 알게 된 아스트리드가 남편이자 자신의 매니저인 마르쿠스(비얀 미들 분)와의 갈등 끝에 결국 낙태를 결정하기까지가 세 번째 단계를 구성하며, 낙태 수술을 받고 아이를 떠나보내는 순간까지가 네 번째 단계, 이후 아스트리드가 일상으로 돌아와 자신의 낙태 사실을 공개적으로 밝히며 활동을 이어 가는 에필로그가 마지막 단계를 구성한다.

　영화가 끝나는 마지막 단계를 제외하고, 이러한 각 단계의 끝에서 아스트리드는 매번 카메라를 정면으로 응시한다. 태아가 다운증후군이라는 진단을 받은 직후 병원 주차장에서 정신적으로 혼란한 상황 속에서 아스트리드는 마르쿠스와 포옹한 채 처음으로 카메라를 정면으로 응시하고, 초음파 검사실에서 태아를 살피던 의사의 긴장된 태도로부터 태아의 심장에 이상이 있음을 직감한 순간 아스트리드는 다시 카메라를 응시한다. 이후 태아의 낙태를 둘러싸고 마르쿠스와 격렬한 다툼을 벌인 뒤 새벽녘 홀로 찾은 교회에서 아스트리드는 다시 카메라를 응시하고, 낙태 수술을 받은 뒤 침대에 누운 채 아스트리드는 마지막으로 카메라를 응시한다.

　조수진은 이 네 번의 응시에 대해 "그녀의 눈빛은 도전적이기도 하고, 원망스럽기도 하며, 절박하기도 하고, 지쳐 있기도 하지만 어떤 경우이든 관객들에게 '당신이라면 어떻게 할 것인가?'라는 질문을 던지는 듯하다."고 말한다(조수진, 2018, 139쪽). 하지만 적어도 이 네 번의 눈빛이 묻고 있는 질문이 매번 동일한가에 대해서는 의문이 남는다. 특히 수술을 마친 뒤 침대 위에서 카메라를 바라보는 아스트리드의 마지막 눈빛은 무언가를 묻고 있다고 해석하기에는 너무나 지쳐 있다. 그녀는 분명 카메라를 응시하지만, 이 응시가 앞선 다른 응시와는 달리 어두운 화면 속에서 그리고 매우 짧게 이루어지기 때문에, 관객들은 주의하여 보지 않는다면 그녀가 카메라를 바라보고 있다는 사실조차 알아채기 쉽지 않다. 그녀는 관객과 눈이 마주치자마자 시선을 떨궈 버린다. "당신이라면 어떻게 할 것인가?" 묻기보다는 차라리 "이제 내게 아무것도 묻지 말아 달라."고 간청하는 듯하다. 낙태에 이르기까지 그녀가 겪어야 했던 정신적 갈등은 너무 컸고, 그러한 갈등 속에서 그녀는 결국 결정을 내렸다.

이러한 점에도 불구하고, 조수진이 아스트리드의 네 번의 응시를 모두 감독이 관객에게 제기하는 "당신이라면 어떻게 할 것인가?"라는 질문으로 해석하는 이유는 감독 베라체트에 대한 그의 평가와 맞닿아 있다. 조수진에 따르면 "베라체트 감독은 "영화를 통해 구체적인 답변이나 대안을 제시하고자 하지 않는다."(조수진, 2019, 139쪽) 베라체트는 '해결책이나 답을 제시하려는 성급함보다는 개인이 겪는 삶의 역경을 사회적인 문제와의 관계 속에서 섬세하게 재현하는 데 집중'하는 감독이며, '영화적 서사를 통해 관객들에게 그 문제들에 대해 함께 고민하기를 권유하며 담론의 세계를 열어 놓는' 감독이다(조수진, 2021, 220쪽). 베라체트 감독이 사용하는 핸드헬드 카메라 중심의 촬영 방식과, 생략과 점프컷 등의 편집 기법, 그리고 일반인 연기자를 적극 활용하는 사실주의적 연기 연출 방식을 근거로 섬세하게 구축한 조수진의 베라체트 감독에 대한 이러한 평가는 설득력이 있다. 그러나 문제는 감독이 이 영화〈24주〉를 통해 제기하는 질문이 무엇인가에 있다.

베라체트의 인터뷰에 따르면, 감독은 이 영화〈24주〉를 통해 낙태를 지지하느냐 반대하느냐의 문제를 제기하지 않는다. 그녀가 이 영화를 통해 제기하는 문제는 "태아 진단 후 아이에게 장애가 있다는 것이 발견되면 그 전까지 아이에 대해 활발하게 이뤄졌던 모든 개인적이고 사회적인 논의가 중단되어 버리는 것, 그리고 대부분의 가정에서 장애를 가진 태아에 대해 낙태를 결정함에도 불구하고 여전히 낙태라는 테마가 터부시되고 있는 현실 등을 직면해야 하지 않겠는가?"라는 것이다(조수진, 2021, 225쪽). 그런데 문제가 이것이라면, 영화〈24주〉는 이 문제에 대해 명확한 답을 제시하고 있다. 장애가 있는 태아의 낙태라는 문제를 정면으로 바라봐야 하며, 주변의 시선이 어떠하든, 오롯이 임산부 자신이 자신의 이해관계 속에서 선택하고 결정해야 한다는 것이 영화가 제시하는 답이다. 아이를 낳겠다는 처음의 결정에 대해 회의하기 시작하는 아스트리드와의 논쟁에서 마르쿠스는 낙태는 혼자 내릴 수 있는 결정이 아니라 우리가 함께 내려야 하는 결정이라고 주장한다. 그리고 이러한 마르쿠스의 주장에 대해 아스트리드는 소리치듯 답한다. "결정은 내가 해!(Es ist meine!)"

결국 감독이 구체적인 답변을 주지 않고 열린 문제로 남겨 놓는 것은 결정의 내용이지, 결정이라는 행위 자체가 아니다. 장애를 가진 태아의 낙태는 논의되어야 하고, 그에 대한 결정은 온전히 임산부 자기 자신에 의해 내려져야 한다. 그리고 나아가 감독은 그 결정의 내용이 무엇이든 간에 그것을 감추지 말고 드러내어 자신이 내린 결정에 대한 책임을 피하지 않는 일이 또한 중요하다고 강조한다. 영화에서 아스트리드는 유산을 했다고 거짓으로 발표할 수 있었음에도 불구하고, 그리고 이것이 동일한 조건의 사람들이 취하는 일반적인 방식임에도 불구하고, 자신이 장애를 가진 태아를 임신 7개월째에 낙태했다는 사실을 대중에게 숨기지 않았다. 그리고 영화의 마지막 장면에서 아들 넬레(에밀리아 피에스크 분)에게 끼칠 영향을 고려하라는 마르쿠스의 만류에도 불구하고, 또 방송 바로 직전에 복도에서 마주친 한 여성으로부터 경멸의 시선을 받았음에도 불구하고, 라디오 방송을 통해 자신이 낙태를 했다는 사실을 다시 한 번 대중들에게 확인시킨다. 이때 카메라는 화면 가득 아스트리드의 얼굴을 크로즈업으로 포착하고 있지만, 그녀는 더 이상 당신들의 의견은 필요 없다는 듯 결코 카메라를 응시하지 않는다.

까다로운 선택

그렇다면 낙태가 갈등을 야기하는 문제로 제기되는 상황은 어떤 것인가? 사실 영화 〈레벤느망〉에서 문제는 낙태를 할 수 있는 방법이었지, 낙태 자체가 아니었다. 안느는 낙태를 할 것인가 말 것인가에 대해서는 전혀 고민하지 않는다. 반면 아스트리드는 세 번째 응시 이전까지 끊임없이 갈등하고 선택을 망설인다. 이는 안느와 달리 그녀에게는 선택지가 주어져 있기 때문이며, 무엇보다 법적인 측면에서 그러하다. 물론 영화에서처럼 그렇게 상황이 간단하지만은 않다.

영화에서는 의사의 입을 통해, 태아가 다운증후군일 경우 독일에서는 합법적으로 낙태를 할 수 있으며 이론적으로는 출산 전까지 가능하다고 간단하게 설명되지만, 사실 독일에서 낙태는 명백히 불법이다. 독일「형법」 218조는 제1항에서 "임신을 중절한 자는 3년 이하의 자유형 또는 벌금형에 처한다."라고 규정하고 있으며, 심지어 제3항에서는 낙태 미수범도 처벌할 것을 규정하고 있다(StGB, §218, 1S, 3S). 따라서 이 법률만을 본다면 미수범에 대해서는 아무런 처벌 규정도 마련해 두지 않았던 한국의 과거 낙태죄 조항보다 훨씬 엄격하게 태아의 생명을 보호하고 있다고 할 수 있다. 다만 독일「형법」 218조a는 이 218조가 적용되지 않는 경우를 네 개의 항에 걸쳐 기술하고 있다. 아스트리드의 경우가 해당하는 항목은 218조a의 제2항으로 그 내용은 다음과 같다.

"임부의 동의를 받아서 의사가 수행한 임신중절은 임부의 현재와 장래의 생활환경을 고려하여 의사의 진단 결과, 임부의 생명에 대한 위험이나 신체적 또는 정신적 건강 상태의 중한 훼손 위험을 방지하기에 적절하고 기대할 수 있는 다른 방법으로 방지할 수 없는 것으로 나타나는 경우에는 위법한 행위로 보지 아니한다."(StGB, §218, 2S)

이 조항에서 주목할 부분은 낙태의 위법성이 조각되는 사유로 임부의 신체적 건강만이 아니라 정신적 건강까지 고려되고 있다는 사실이다. 그리고 이러한 건강 상태가 임부의 현재 생활환경만이 아니라 아이를 가지게 됨으로써 변화하게 될 장래의 생활환경 속에서도 평가되고 있다는 점이 또한 중요하다. 즉 장애아를 출산함으로써 임부가 맞이하게 될 미래의 상황이 임부의 신체적·정신적 건강에 심각한 피해를 줄 수 있다고 의사가 판단하고, 이러한 피해를 임신중절 외에는 피할 방법이 없을 때, 의사에 의해 시행된 임신중절은 독일에서 처벌받지 않는다. 판단의 기준은 태아의 건강이 아니라 전적으로 임부의 신체적 혹은 정신적 건강이며, 태아 생명의 존속 여부는 임부가 앞으로 맞이할 삶의 질이 어떠한가에 종속되어 있다. 따라서 이정원의 지적처럼, 독일「형법」218조a의 2항은 '태아의 생명을 불확실한 정도로만 보호하려는 시도'로 보이며(이정원, 2018, 198쪽), 태아의 생명과 임부의 자기결정권 사이에서, 적어도 장애가 있는 태아의 생명이 문제인 경우, 전적으로 임부의 자기결정권에 우위를 두고 있다고 평가할 수 있다.

그렇다면 이제 아스트리드는 자신의 신체적 혹은 정신적 상태를 고려하여 선택을 하면 된다. 그러나 쉽지 않은 것이 이러한 선택이다. 우선 아스트리드는 영화 속에서 신체적 건강에 아무런 이상이 없는 것으로 묘사된다. 또한 유명 스탠드업 코미디언으로서 경제적으로도 풍요롭다. 물론 가정경제를 사실상 아스트리드가 책임지고 있는 상황에서, 아들 넬레와 새로 태어날 장애아를 함께 돌보는 일이 부담되는 일일 수는 있다. 그런데 이러한 상황도 아스트리드의 엄마인 베아테(요하나 가스트도프 분)가 넬레를 돌보며 함께 살기를 결정함으로써 해결된다. 사실 영화의 초반부는 아스트리드가 낙태를 결정하도록 유도할 수 있는 조건들을 하나하나 지워 나가는 방식으로 진행된다. 특히 다운증후군 환자들과의 모임은 결정적이다. 마르쿠스와 넬레를 데리고 방문한 센터에서 아스트리드는 다운증후군 환자들과 노래하고 함께 춤을 추며 이들의 삶을 경험한다. 그리고 돌아오는 차 안에서 마르쿠스와 신나게 춤을 추다 접촉 사고를 내고, 사고를 수습하는 거리에서 아스트리드는 아이를 출산하기로 결정했음을 마르쿠스에게 알린다. 영화는 이 장면을 통해 독일 사회가 다운증후군 환자들도 충분히 행복하게 살 수 있는 사회적 여건을 마련해 두고 있음을 보여준 것이다.

물론 영화는 태아의 심장에 이상이 있다는 설정으로 아스트리드의 이러한 결정을 다시 뒤흔든다. 의사가 묘사하는 태어난 지 7일 이내에 진행해야 한다는 수술은 톱으로 뼈를 자르는 등 신생아가 감당하기 쉽지 않을 것처럼 들리고, 그마저도 한 번에 끝날 것이라고 장담할 수도 없다. 그러나 의사와 상담하는 중에 마르쿠스가 말하는 것처럼, "어쨌든 수술은 가능하다.(Es gibt in jedem Fall eine Operation.)" 현대 의료 기술은 이러한 심각한 질병을 가진 태아도 살릴 수 있는 능력을 갖추고 있고, 실제로 영화는 조산아 집중치료실에서 이미 한 번 수술을 했고 다음 수술을 기다리고 있는 신생아와, 이 신생아를 돌보고 있는 부부의 모습을 보여준다. 그러나 이들의 모습으로부터 마르쿠스는 어떤 가능성을 본 반면, 아스트리드는 그와 다른 것을 본다. 아스트리드는 수술을 기다리는 신생아가 고통을 받고 있다고 느끼지만, 마르쿠스는 그와 다른 것을 느낀다. 그리고 그들 모두 아기가 정말로 무엇을 느끼고 있는지 정확히 알 수 없다는 것이 사실이다.

결국 낙태는 법적으로 허용되어 있고, 아스트리드는 신체적으로 건강하며, 장애아를 키울 만한 개인의 경제적 상황과 사회적 조건은 갖춰져 있다. 또 고통받을 아이의 삶을 걱정한다는 주장도 실제 아이의 삶이 어떠할지 알 수 없다는 점에서 낙태를 감행할 충분한 이유가 될 수 없다. 낙태를 결정할 기준으로 이제 남은 것은 아스트리드의 정신적 건강뿐이다. 조산아 집중치료실을 나와 찾은 상담실에서 마르쿠스는 아스트리드와 다투다 마침내 자신의 솔직한 심정을 말한다. 그가 생각하기에, 자신의 아내는 아기를 원하지 않으며, 그 이유는 겉으로 내세우는 이러저러한 이유들 때문이 아니라, '자신의 망할 놈의 커리어에 대한 걱정(Angst um ihre Scheiβ-Karriere)' 때문이다.

이렇게 아스트리드에게는 낙태를 할 수 있는 권리, 자신의 몸에 대한 자기결정권이 주어져 있지만, 이 권리를 손쉽게 사용할 수는 없다. 결정은 자신이 하는 것이라고 당당하게 외쳤지만, 오롯이 자신의 사정으로 이루어지는 낙태로 인해 홀로 감당해야 할 도덕적 부담감은 결코 가볍지 않다. 더구나 아스트리드는 자신이 제거하려는 대상이 무엇인지 혹은 누구인지 정확히 알고 있다. 영화 〈레벤느망〉에서는 태아가 새빨간 핏덩이의 모습으로 단 한 번 등장할 뿐이지만, 영화 〈24주〉에서는 초음파 영상을 통해 태아의 생생한 모습이 여러 번 등장한다. 눈과 코가 있고, 손과 발이 있는 완전한 사람의 모습이다. 심지어 이 존재에게는 모리츠라는 이름도 부여되어 있다. 영화가 진행됨에 따라 모리츠는 점차 성장하고 움직인다. 즉 〈레벤느망〉에서 태아가 막연한 추상적 존재인 것과는 달리 〈24주〉에서 태아는 살아 있는 구체적인 존재이다.

따라서 고민 끝에 낙태를 선택하고 감행한 아스트리드는, 안느가 낙태 뒤에 느끼는 성취감, 자긍심을 느낄 수 없다. 안느와 마찬가지로 아스트리드도 곧 다시 회복해 당당한 모습으로 돌아오지만, 안느보다 좀 더 길게 아파하고, 자신 안에서 24주간 살아가다 사라진 존재를 그리워한다. 영화의 마지막 장면, 화면 가득 채워진 아스트리드의 얼굴이 사라지고 엔딩 크레딧이 나오기 전, 아무것도 없는 회색 화면을 배경으로 아스트리드의 목소리가 조그맣게 흘러나온다. "네가 그리워.(Ich vermisse dich.)"

다시, 태아의 생명권과 임부의 자기결정권

영화 〈레벤느망〉과 〈24주〉는 한 여성의 낙태 체험을 시간의 진행 순서에 따라 영상으로 재현했다는 공통점이 있지만, 각각의 영화에서 그려지는 낙태의 모습은 전혀 다르다. 자신의 몸에 대한 자기결정권이 전혀 인정되지 않던 1963년 프랑스에서 낙태는 절대적으로 금지된 것이었으며, 낙태를 한다는 것은 임부 자신이 목숨을 걸어야 할 정도로 위험한 일이었다. 따라서 낙태를 한다는 것은 주어지지 않은 권리를 쟁취하기 위한 일종의 투쟁이었으며, 그 결과로 얻어지는 것은 성취감이고 자긍심이었다. 반면 자신의 몸에 대한 자기결정권이 폭넓게 인정되고 있는 현대 독일에서 낙태를 한다는 것은 과거만큼 심각한 위험을 동반하는 일이 아니다. 문제는 낙태를 결정하기까지의 과정이며, 그 과정이 어떠하든 간에 결국 결정은 오롯이 임부 자기 자신이 내려야 한다는 사실로부터 도덕적 책임감이 부여된다. 낙태는 감당해야 할 위험에서 윤리적으로 성찰해야 할 선택이 되었으며, 임부의 자기결정권은 실현해야 할 목표에서 책임 있게 다뤄야 할 문제가 되었다.

물론 이러한 극단적 대비는 〈레벤느망〉이 임신 12주차의 초기 낙태를 다루고 있고, 〈24주〉는 임신 24주차의 후기 낙태를 다루고 있기 때문에 가능하다. 현대의 많은 국가들은 임신 12주 이전의 초기 낙태의 경우 임부의 요청만으로 낙태를 허용하는 기간별 구분 방식을 채택하고 있다. 적어도 초기 낙태의 경우 복잡한 윤리적 성찰이 사회적으로 요구되고 있지는 않으며, 이는 임신 초기 낙태를 도덕적 비난의 대상으로 보지 않는 사회적 인식이 확산되었기 때문일 것이다. 실제로 오늘날 적지 않은 사람들은 임신 초기 낙태를 도덕적으로 비난받을 일이라고 생각하지 않을 것이며, 그러한 낙태를 결정하기 위해 특별한 윤리적 성찰이 요구된다는 점에도 동의하지 않을지 모른다.

그러나 이러한 극단적 대비를 통해 드러나는 한 가지 사실이 있다. 글의 서두에서 낙태와 관련된 논쟁은 태아의 생명권과 임부의 자기결정권의 대립으로 구성된다고 말한 바 있다. 그러나 영화 〈레벤느망〉에서 확인했듯이 임부의 자기결정권이 전혀 주어지지 않은 상황에서, 임부 자신은 태아에 대한 고려를 전혀 하지 않을 수 있다. 임부의 자기결정권의 부재에 태아의 생명권의 부재가 연동되는 것이다. 반면, 영화 〈24주〉에서는 임부의 자기결정권이 폭넓게 인정되어 있기에, 오히려 태아의 생명권이 끊임없이 상기되고 고려된다. 물론 낙태라는 행위 자체의 본질적 성격으로 인해, 임부의 자기결정권과 태아의 생명권의 모순 관계는 결코 극복될 수 없을 것이다. 낙태를 선택하면 태아는 사라져야 한다. 그러나 적어도 삶의 어느 차원에서는 이 두 권리가 서로가 서로를 요청하고 있는 것처럼 보인다. 그리고 삶의 본성을 고려할 때, 어쩌면 이것이 당연한 삶의 현상일지도 모른다.

더 생각해 볼 문제

① 태아는 사람인가? 이 질문은 낙태와 관련된 논의에서 핵심 쟁점 가운데 하나이며, 지금까지도 끊임없이 논의되고 있다. 이 물음과 관련하여 제기된 다양한 철학적·윤리적·법적 주장들을 찾아보고, 각각의 주장이 지닌 강점과 한계를 비판적으로 검토해 보자.

② 2019년 4월 11일 헌법재판소가 낙태죄 관련 조항들에 대해 헌법불합치결정을 내린 뒤, 2025년 현재 낙태죄는 한국에서 실효 상태에 있다. 낙태의 비법화를 주장하는 사람들도 있지만, 법의 공백 상태가 야기하는 문제들도 있다. 현 상황을 벗어나기 위해 우리는 어떤 논의를 해야 하며, 낙태죄 관련 법안은 어떻게 개정되어야 하는지 토론해 보자.

더 찾아볼 작품

영화 〈4개월, 3주, 2일(4 luni, 3 săptămâni și 2 zile)〉

크리스티안 문쥬 감독의 2007년 작품이다. 2007년 칸 영화제 황금종려상을 수상한 이 작품은 1987년 차우셰스쿠 독재 정권하에서 낙태가 금지된 루마니아를 배경으로, 대학생 가비타가 원치 않는 임신을 하게 되자, 룸메이트 오틸리아가 그녀를 도와 불법 낙태를 시도하는 과정을 그렸다. 영화는 개인의 선택권과 국가의 통제, 여성의 몸에 대한 자기결정권 문제를 다루었다.

영화 〈베라 드레이크(Vera Drake)〉

마이크 리 감독의 2004년 작품이다. 2004년 베니스 영화제 황금사자상을 수상한 이 작품은 1950년대 런던을 배경으로, 20년간 몰래 불법 낙태 시술을 도와준 50대 주부 베라 드레이크의 이야기를 담았다. 영화는 베라에게 낙태가 도덕적 갈등의 대상이 아니라 도움이 필요한 여성들에 대한 자연스러운 연민과 실천임을 보여줌으로써, 개인의 양심과 사회제도 사이의 갈등을 드러낸다.

영화 〈언플랜드(Unplanned)〉

척 콘젤만과 캐리 솔로몬 감독의 2019년 작품이다. 기독교 영화 스튜디오인 퓨어 플릭스(Pure Flix)에서 제작한 영화로서, 영화는 피임과 임신중절 교육 및 지원 단체인 플랜드 페어런트후드(Planned Parenthood)의 활동가였으나 훗날 낙태 반대자로 전향한 애비 존슨의 실제 삶을 다룬다.

입원과 의료 행위의 강제성
― 영화 〈뻐꾸기 둥지 위로 날아간 새〉를 통해 본 정신 질환의 치료 문제

최 성 민

밀로스 포먼 감독과 〈뻐꾸기 둥지 위로 날아간 새〉

영화 〈뻐꾸기 둥지 위로 날아간 새〉는 켄 키지(Ken Kesey, 1935-2001)의 1962년 소설을 원작으로 하여 만든 1970년대 미국 영화이다. 이 영화를 만든 밀로스 포먼(1932-2018) 감독은 체코 출신으로, 체코에서 체코 사회주의를 풍자하는 작품을 만들다가 1968년 '프라하의 봄' 때 미국으로 이주했다. 그는 그 후 영화감독으로 더 큰 성공을 거두었고, 때때로 영화배우로도 활동했다. 한국에서는 〈스캔들: 조선남녀상열지사〉로 리메이크된 영화 〈발몽〉(1989), 베를린 영화제 황금곰상을 수상한 〈래리 플린트〉(1996) 등도 호평을 받은 그의 작품이다. 하지만 역시 그의 대표작으로 〈아마데우스〉(1984)를 빼놓을 수는 없을 것이다. 모차르트의 생애를 바탕으로 만든 영화 〈아마데우스〉는 미국 아카데미상 11개 부문에 노미네이트되어 8개 부문(작품상, 감독상, 각색상, 남우주연상, 미술상, 의상상, 음향상, 음향효과상)을 휩쓸며 수상했다. 밀로스 포먼을 미국 영화계에 성공적으로 안착할 수 있게 해준 영화가 바로 1975년작 〈뻐꾸기 둥지 위로 날아간 새(One Flew Over the Cuckoo's Nest)〉이다.

〈뻐꾸기 둥지 위로 날아간 새〉는 1976년 제48회 미국 아카데미 영화제 시상식에서 9개 부문에 노미네이트되어, 작품상·감독상·남우주연상·여우주연상·각색상, 이렇게 다섯 개 부문에서 수상했다. 아카데미 시상식에서 가장 중요한 다섯 개 부문을 모두 휩쓴 것이다. 아카데미 시상식의 100년 역사에서 주요 5개 부문을 석권한 것은 1935년 〈어느 날 밤에 생긴 일〉, 1992년 〈양들의 침묵〉과 더불어 단 세 차례밖에 없었다. 특히 1976년 시상식 당시 함께 경쟁한 영화감독이 스탠리 큐브릭, 로버트 알트먼, 스티븐 스필버그, 페데리코 펠리니와 같은 영화 역사상 길이 남을 명장들이었다는 점을 감안하면, 〈뻐꾸기 둥지 위로 날아간 새〉의 업적은 더욱 높이 평가받을 만하다. 이 영화는 세계적인 영화 데이터베이스 사이트인 IMDb의 역대 최고의 영화 순위에 18위로 랭크되어 있을 뿐만 아니라(참고로 〈아마데우스〉는 73위), 각종 영화 비평 매체들이 역대 최고의 영화를 꼽으면 항상 50위권 안에 뽑히는 명작이다.

켄 키지의 원작 소설은 인디언 추장이 서술자로 이야기를 풀어 나가는 방식으로 쓰였다. 반면 영화는 맥머피를 핵심 주인공으로 하여 전개된다. 원작자 키지는 영화 제작 초기에 대본 작업에 참여했지만, 영화 제작 과정에서 갈등이 커지면서 각색에서는 손을 뗀 것으로 알려져 있다.

영화는 정신병원의 수간호사 래치드(루이스 플래처 분)가 출근하여 병동과 환자를 살펴보는 것으로 시작된다. 아동 성범죄자로 수감 중이던 맥머피(잭 니콜슨 분)는 정신감정평가를 받고 이 정신병원으로 이송되어 온다. 이 정신병원은 래치드 간호사를 중심으로 환자들을 엄격하게 통제하는 곳이었다. 맥머피는 교도소의 규율이 답답한 나머지, 정신병원이 좀 더 자유로울 것이라 생각하여 '미친 척'을 하여 이곳으로 오게 되었다. 정신병원에 와서도 의사인 스피비 박사로부터 정신감정을 받지만, 명확한 판단이 유보된 채 정신병원에서의 입원 생활을 시작하게 된다.

지적인 성격이지만 편집증적이고 의처증이 있는 대일 하딩(윌리엄 래드필드 분), 말투가 거칠고 공격적인 성격인 테버(크리스토퍼 로이드 분), 유난히 키가 크고 청각장애가 있는 듯한 말 없는 원주민 추장 브롬덴(윌 샘슨 분), 유난히 키가 작고 순진하지만 망상을 보곤 하는 마티니(대니 드비토 분), 엄마를 무서워하고 말을 더듬는 청년 빌리(브래드 도리프 분), 맥머피를 따르지만 감정 기복이 과도하게 큰 채스윅(시드니 래식 분) 등이 정신병동의 동료 환자들이다. 이 밖에도 뇌전증을 앓고 있으며 불안증이 심하며 투약을 피하려 하는 시펠트(윌리엄 듀크스 분), 역시 뇌전증을 앓고 있으며 시펠트와 함께 어울리지만 정반대로 약물 의존증이 강한 프레드릭슨(빈센트 쉬아벨리 분) 등도 동료 환자로 등장한다.

자유분방하고 유머러스한 맥머피는 동료 환자들이나 간호사들에게도 자주 농담을 건네지만, 예상하지 못한 반응에 당황하기도 한다. 감옥에서도 허용된 월드시리즈 시청 권리가 받아들여지지 않는 상황에 답답함을 느끼기도 한다. 병원 버스를 몰래 타고 외부로 탈출해서 콜걸을 불러 놀기도 한다. 맥머피는 자신의 수감 기간이 얼마 남지 않았기에 곧 정신병원에서 나갈 수 있으리라 생각했지만, 래치드는 이곳은 수감 기간과 상관없이 의사와 자신의 동의 없이는 나갈 수가 없는 곳임을 알린다. 맥머피는 동료들과 함께 몰래 한밤중 파티를 벌이고 그 와중에 병원을 탈출하려 하지만, 술기운이 과했는지 그만 쓰러져서 탈출에 실패한다.

다음 날 아침, 난장판이 된 병동을 본 래치드는 분노를 폭발하고, 맥머피가 부른 콜걸과 뒤엉켜 있던 빌리는 그로 인해 겁을 먹고 자살을 하고 만다. 맥머피는 래치드를 향해 달려들어 목을 조르지만, 결국 진압당해 끌려가게 된다. 얼마 후, 병동의 환자들은 맥머피의 모습이 한동안 보이지 않게 된 것을 걱정하게 된다. 결국 맥머피는 어느 날 새벽에 병동으로 돌아오지만, 이미 뇌엽 절제술을 받은 맥머피는 눈에 초점도 잃고 예전의 모습을 찾아볼 수 없게 변해 버렸다. 추장이 영혼을 잃은 듯한 맥머피를, 마치 안락사를 시키듯, 베개로 눌러 질식시켜 죽이고 병원을 탈출하는 것으로 영화는 마무리된다.

이 영화는 무엇보다 주요 배우들의 연기력으로 주목을 받았다. 외출 장면을 제외하면, 매우 한정적인 공간에서 촬영된 영화여서 단조로울 수도 있었을 테지만, 배우들의 열연으로 뛰어난 몰입감을 느낄 수 있는 영화로 기억된다. 아카데미 남우주연상과 여우주연상을 석권했다는 것에서 이미 확인이 되겠지만, 맥머피 역의 잭 니콜슨과 래치드 간호사 역의 루이즈 플래처의 연기는 특히 높이 평가받는다.

잭 니콜슨은 워낙 뛰어난 연기력으로 유명하기 때문에, 그의 연기에 대해서는 덧붙여 설명하는 것이 큰 의미는 없을 것이다. 잭 니콜슨은 호러 영화의 전설로 남은 〈샤이닝〉(1980)에서 점점 미쳐 가는 아버지 '잭' 역할, 팀 버튼 감독의 〈배트맨〉(1989)에서 악당 '조커' 역할, 〈이보다 더 좋을 순 없다〉(1997)에서 강박증이 심각한 소설가 '멜빈' 역할 등으로 인상적인 연기파 배우로 기억된다. 아카데미 남우주조연상 후보로 오른 것만 12번으로 남자 배우 역대 최고의 기록을 갖고 있으며, 남우주연상 2회·남우조연상 1회를 수상한 바 있다.

루이즈 플래처는 이 영화 외에 크게 기억되는 역할이나 커리어를 남기지 못했지만, 그녀가 연기한 '래치드' 간호사는 강력한 인상을 남겼다. 177cm의 장신에 날카로운 눈빛과 카리스마가 병동 전체를 휘어잡는 래치드 간호사의 존재감을 부각시켰다. 미국영화연구소(AFI)는 2003년, 영화 역사상 최고의 영웅과 악당을 100명씩 선정한 적이 있다. 이 리스트에서 래치드 간호사는 역대 5위의 '악당(villain)'으로 손꼽혔다. 〈양들의 침묵〉의 한니발 렉터(안소니 홉킨스 분), 〈싸이코〉의 노먼 베이츠(안소니 퍼킨스 분), 〈스타워즈: 제국의 역습〉의 다스 베이더, 〈오즈의 마법사〉의 서쪽 마녀(마거릿 해밀턴 분)에 이은 다섯 번째 순위였다. 한편, 넷플릭스 시리즈로 2020년 〈래치드〉라는 제목의 드라마가 공개되었는데, 래치드 간호사의 젊은 시절을 다룬 프리퀄 드라마로 주목을 받았다. 그만큼 이 영화 속 래치드 간호사는 강한 인상을 남긴 악역 인물로 기억된다.

정신 질환의 역사와 정신병원

필자가 어렸을 때, 정신병원은 '언덕 위의 하얀 집'이라는 별칭으로 불리곤 했다. 그리고 그 실체를 직접 보지 않더라도, '감금과 통제' 위주의 '정신병원'을 떠올리곤 했었다. 정신병원은 주거지와 떨어져 있어야 하는 격리 시설이자 혐오 시설로 인식되었다. 영화 〈뻐꾸기 둥지 위로 날아간 새〉에서, 뻐꾸기(Cuckoo)는 영어에서 '미친', 혹은 '광인'을 뜻하기도 한다. 뻐꾸기 둥지(Cuckoo's nest)는 광인들이 모여 있는 곳, 곧 정신병원을 의미한다고 볼 수 있다. 그런데 사실 뻐꾸기는 자신의 둥지가 없다. 뻐꾸기는 다른 새의 둥지를 이용하여 알을 낳는 '탁란(托卵)'의 행태를 보이는 새로 유명하다.

8~10세기 무렵, 바그다드를 비롯한 이슬람 도시에는 휴식·음악·목욕·체조를 일상화한 정신병원 시설이 들어섰다. 당시에 '광인'은 악령이라기보다는 '신의 은총을 입은 자'로 인식되었고, 휴식과 보호라는 가치로 이들을 대하려 했다. 그러나 고전주의 시대(17~18세기)를 거치면서, 유럽의 정신질환자들은 감금·격리의 대상이 되었다.

미셸 푸코는 『광기의 역사』에서 '광기'와 광인(狂人)에 대한 인식의 변화를 탐구한 바 있다. 중세 시대에 감금의 대상이었던 환자는 나병, 즉 한센병 환자들이었다. 당시 광인은 위협적인 존재이자 조롱의 대상이었지만, 동시에 그들은 보통 사람들에게 없는 신비하거나 보이지 않는 지식, 혹은 숨겨진 진실을 갖고 있는 사람들로 생각되었다. 중세 말 이후 교외의 한센병 환자 수용 시설이 텅 비게 되자, 그 자리에 수용할 사회적 격리의 대상으로 '광인'을 주목하게 되었다.

17세기 고전 시대 이후, 광인들은 '정신적 나병 환자' 취급을 받게 된다. 그들은 '음산한 병원'에 감금되거나 거주 제한을 적용받게 되었다. 이제 광인은 위험한 '병자(病者)'이며, 주정뱅이나 범법자와 같은 취급을 받게 된 것이다. 푸코는 '광인'의 감금이 시작된 이유를 부르주아 시대의 도래와 관련지어 설명했다. 광인은 알코올중독자와 마찬가지로 '생산성'이 전혀 없는, 낭비적 존재로 간주되었다. '광인'들을 감금한 정신병원은 광인을 의학적으로 치료하려는 곳이 아니었다. 그곳은 '비생산적 존재'들을 격리 수용시켜 생산성 있도록 교정하거나, 최소한 보통 사람들의 생산성에 차질을 주지 않도록 하려는 제도가 탄생시킨 공간이었다. '교정'을 위한다는 명목으로 잔혹한 행위도 빈번했다.

19세기 이후, 현대 정신의학의 시초라 불리는 프랑스 의사 필리프 피넬(Philippe Pinel)에 의해 근대적 정신병원이 본격화된다. 신체적 구속은 이전보다 완화되었다. 그 대신 더 교묘해진 '정신적 속박'이 자행되었다. 광인들에게는 강제 노동이 부과되고, 그들은 상시적인 감시의 대상이 되었다.

1972년, 스탠퍼드 대학 심리학과 데이비드 로젠한(David Rosenhan) 교수는 '정상인'을 모집하여 몇 가지 증상을 교육시키고 자신도 이들과 함께 거짓 증상을 이용해 정신병원에 입원하는 실험을 진행했다. 1년 후, 로젠한 교수는 이들의 진술과 경험을 바탕으로 『사이언스』에 「정신병원에서 제정신으로 지내기(On being sane in insane place)」라는 제목의 논문을 발표하였다. 이 논문은 곧바로 큰 파장을 일으켰다. 로젠한 교수는 정신과적 진단체계가 명확한 기준이나 검증 없이, '환자의 말'만 믿고 자의적으로 진단한다고 비판했다. 이에 대해 정신과 의사들은 강력하게 반발했다. 로젠한의 실험이 의도적으로 정신과 의사들을 속인 비윤리적 실험이었다는 것이다.

결과적으로 로젠한의 실험은 대단히 문제가 있는 실험이었지만, 정신 질환 진단 체계의 변화를 유도하기도 했다. 정신 질환 진단 및 통계 편람인 DSM(Diagnostic and Statistical Manual of Mental Disorders)은 당시 2판까지 나와 있었는데, 이후 3판부터는 현재와 유사하게 수정되었다. 더 치밀하게 체계화된 체계로 보완된 것이다.

영화 〈뻐꾸기 둥지 위로 날아간 새〉는 로젠한의 실험이 논란을 일으킨 사건 직후인, 1975년에 개봉되었다. 이 영화는 당시 정신병원의 통제 방침과 규칙, 위험한 치료법 등의 문제가 사회적으로 강력하게 제기되는 데에 큰 역할을 했다. 이 영화가 아카데미상을 석권하고 주목을 받게 되면서, 당시 미국 내 정신병원들의 인권침해 문제가 사회적 문제로 부각되었다. 미국 연방 정부의 지원하에, 정신 질환자의 장기 입원을 규제하고 가급적 통원 치료를 할 수 있도록 하는 '탈원화 운동'이 일어나는 계기가 되었다. 맥머피가 받은 '전전두엽 절제술'과 같은 위험한 치료법은 퇴출되는 분위기가 되었다. 이 영화가 정신병원의 치료 및 감금 방식에 큰 변화를 일으키는 계기가 된 셈이다.

정신 질환 치료의 강제성

영화 〈뻐꾸기 둥지 위로 날아간 새〉에서 맥머피는 교도소에서 정신병원으로 이송되어 오게 된다. 맥머피는 정신병원이 교도소보다는 좀 더 자유로운 공간이라고 생각하면서, 동료 환자들과 교류하며 적응을 시도한다. 그는 감옥에서도 볼 자유가 있었다며 월드시리즈 야구 시청을 요청하기도 한다. 이에 대해 투표를 통해 합리적으로 일과표를 조정해 보자는 병원 측의 제안을 받아들인다. 맥머피는 투표 과정을 경험하면서, 래치드로 대표되는 권력을 중심으로 한 통제 시스템이 강력하게 작동하고 있음을 깨닫게 된다. 이 시스템은 때로는 가시적으로, 때로는 비가시적으로 환자들에게 영향을 주고 있었다. 그 후 맥머피는 그곳에 적응하는 척하면서, 점차적으로 저항의 강도를 높이다가 결국 탈출을 시도한다.

맥머피와 동료 환자들이 버스를 탈취하여 병원을 잠시 이탈했다가 돌아온 후, 판정관들은 맥머피의 상태에 대해 논의한다. 판정관 중 한 명은 "그는 미치지 않았다. 하지만 위험하다."고 말한다. 또 다른 한 명인 손지 박사는 "심한 증세는 아니지만, 질환이 있다고 본다."고 말한다. 스피비 박사는 "솔직히 우리가 할 수 있는 것은 더는 없다. 감옥으로 돌려보냈으면 좋겠다."고 말한다. 맥머피를 가장 가까이서 지켜본 인물인 래치드의 발언 차례가 되자, 그녀는 '그를 되돌려 보내는 것은 다른 사람에게 책임을 전가하는 것'이라면서, "저희가 그를 돕겠습니다."라는 말로써 맥머피를 병원에 그대로 두도록 결론짓는다.

그 이후 맥머피는 자신이 예정된 수감 기간이 끝나도 정신병원에서 나갈 수 없게 되었다는 사실을 알게 된다. 병원 간호보조원인 워싱턴은 '수감 기간은 감옥에 있을 때나 의미가 있는 것'이라며, '이곳은 의사와 간호사가 내보내 주기 전까지는 영원히 나갈 수 없는 곳'이라고 맥머피에게 말한다.

이에 충격을 받은 맥머피는 래치드에게 '왜 미리 말해 주지 않았느냐'고 따진다. 래치드는 테버 씨와 브롬덴 씨, 그리고 당신 이외에 대부분은 자신이 스스로 원해서 이곳에 들어온 것이며, 감금된 사람은 자신이 허락하기 전까지는 나갈 수 없다고 단언한다. 맥머피는 동료 환자들을 바라보며, 이들은 바깥에서 길거리를 돌아다니는 머저리들과 별 차이가 없고, 미친 것도 아니라고 주장한다. 정신 질환과 감금의 근거가 대체 무엇인지 알 수 없다는 항의였던 것이다.

사실 정신 질환에서 '정상'과 '비정상'의 차이, 혹은 진단의 기준은 늘 논란의 대상이 되어 왔다. DSM이 객관적 기준을 확보하기 위해 개발되고 보완되어 왔지만, 신체적 질병에 비해서 그 기준이 객관적이고 가시적이라고 보기는 어렵다.

영화 속의 정신병원에는 자신이 원해서 들어온 환자들과 강제로 감금된 환자들이 뒤섞여 있다. 질병 판단의 근거와 감금의 근거는 객관적으로 명확하지 않다. 여러 의료진들의 관찰과 토론, 그리고 그에 이어진 판정 체계가 있긴 하지만 래치드와 같은 강력한 카리스마와 권력을 가진 존재의 판단이 압도적 권한을 가지고 있다.

영화 〈뻐꾸기 둥지 위로 날아간 새〉를 통해 우리는 정신 질환의 진단 체계와 치료 방식이 어떠해야 하는가에 대해 성찰해 볼 수 있다. 물론 1970년대 영화 속의 정신병원과 지금의 현실은 상당히 다르긴 하다. 하지만 신체적 속박과 구속, 자율의 규제가 사라진 것은 아니다.

영화 속에서 맥머피는 경구투약 약물을 받아 입에 넣지만, 삼키는 척하다가 몰래 뱉어 내기도 한다. 2023년 넷플릭스를 통해 공개된 드라마 〈정신병동에도 아침이 와요〉는 정신병동의 모습을 상당히 사실적으로 그려

정신 질환 치료에는 일정한 강제력이 필요할 수도 있지만,
동의 없는 시술이나 치료로 인한 피해도 적지 않게
일어나곤 한다.

냈다고 하여 화제가 되기도 했다. 이 드라마에도 환자의 복약을 간호사가 엄밀한 매뉴얼에 의거하여 확인하는 과정이 나타나는데, 그럼에도 불구하고 환자가 복약을 회피하는 모습도 드러나 있다. 경우에 따라 투약을 강제적으로 확인할 필요가 있는 정신 질환이 있지만, 그것을 회피하고자 하는 환자의 자발성이 충돌하는 상황은 요즘도 계속되고 있는 것이다. 약물 치료는 비교적 평범한 치료 행위처럼 보이지만, 약물 투약을 강제하는 것 역시 윤리적인 논란의 여지가 있다.

영화 〈뻐꾸기 둥지 위로 날아간 새〉에서 맥머피에게 강제된 전기 충격 치료나 강제적 수술의 경우엔 더 큰 논란의 대상이 될 수밖에 없다. 영화의 결말부에서 맥머피에게 시행된 이른바 '전두엽 절제술'은 19세기 말 정신 질환을 치료하기 위해 스위스의 고틀리프 부르크하르트(Gottlieb Burckhardt)가 고안해 시술되기 시작했다고 알려져 있다. 1930년대에는 포르투갈 의사 에가스 모니스(Egas Moniz)에 의해 '전전두엽 백질 절제술(Leucotomy)'로 발전되어 널리 시술되기 시작했다. 당시로서는 획기적인 치료법으로 부각되었고, 1949년 에가스 모니스는 이와 관련한 공로를 인정받아 노벨 의학상을 수상하기도 했다. 월터 프리먼(Walter Freeman)과 제임스 와트(James Watts)가 이 치료법을 미국에 도입하면서 '로보토미(lobotomy)'라는 이름으로 시술을 확대하였다. 정확한 통계는 없지만, 1940~1970년대 사이에 수만 건 이상 시술된 것으로 알려져 있다. 존 F. 케네디의 여동생 로즈마리 케네디(1918-2005)도 이 시술을 받았다고 알려져 있고, 폴란드 출신의 유명한 천재 바이올리니스트 요제프 하시드(Josef

Hassid, 1923-1950)도 이 시술을 받았다고 한다. 로즈마리 케네디는 심각한 후유증을 앓으면서도 60년 넘게 정신병원에서 지내다가 사망하였다고 하며, 요제프 하시드는 수술 후유증으로 26세에 요절했다.

전두엽 절제술은 공격적 성향을 띠거나 조현병 증상이 있는 정신 질환에 효과가 있는 것으로 알려졌으나, 수술 이후 "영혼이 없는 사람처럼 되었다."는 환자 가족들의 증언이 이어졌고, 때로는 감염이나 부작용으로 일상생활이 불가능해지거나 사망하는 경우도 적지 않았다. 환자의 동의 없이 수술이 이루어지는 경우도 많았으며, 보호자나 가족의 동의도 없이 강제로 시술을 한 경우도 있다는 소문도 있었다. 결국 1970년대 이후로는 대부분의 국가에서 이 수술법이 금지되거나 시술을 제한하는 경우가 많아졌다.

〈뻐꾸기 둥지 위로 날아간 새〉의 결말부에서 전두엽 절제술을 강제적으로 시술당하고, 영혼을 빼앗긴 듯한 모습이 되고 만, 맥머피의 모습을 보여준다. 결말 부분에 나오는 맥머피의 충격적 장면은 당시 대중들에게 정신과적 수술의 위험성을 널리 알리는 계기가 되었다.

정신 질환을 외과적 수술로 치료하려는 시도는 과거에도 있었고, 최근에도 계속 시도되고 있다. 때로는 효과적인 수술법으로 각광을 받다가 위험성이 뒤늦게 확인되는 경우도 종종 드러난다. 정신 질환의 경우, 치료제 역사가 비교적 짧고 부작용에 대한 우려도 아직 많이 제기되고 있는 것도 사실이다. 과거 '정신병원'이 가지고 있었던 부정적 시선을 극복하기 위해 '정신건강의학과'로 이름을 바꾸긴 했지만, 여전히 남아 있는 환자와 의료 기관 모두를 향한 편견들도 정신 질환에 관련한 문제들 중의 하나이다.

비자의 입원(非自意入院)과 또 다른 문제

갑작스러운 사고나 재난으로 외상을 입은 경우, 혹은 어린아기들이나 의식이 불분명한 경우를 제외하면, 진료·진단·입원 등을 목적으로 병의원을 찾아가는 것은 환자의 의사에 따라 자발적으로 이루어지는 것이 당연하다. 하지만, 경우에 따라 환자 본인의 동의 없는 '강제 입원' 혹은 '비자의 입원(非自意入院)'을 하는 경우도 있다. 특히 정신 질환의 경우에는 이와 관련된 법률 조항이 있다. 「정신건강증진 및 정신질환자 복지서비스 지원에 관한 법률」, 약칭 「정신건강복지법」의 제5장 '보호 및 치료'에 이와 관련된 조항들이 규정되어 있다.

'자의 입원'은 정신 질환자 또는 정신 건강상 문제가 있는 사람이 스스로 신청하여 입원하는 경우를 말하는데, 전문의와의 면담을 통해 스스로 신청하게 되어 있으며, 입원 후 매 2개월마다 입원 의사를 재확인하게 되어 있다.

'동의 입원'은 정신 질환자 본인이 전문의와의 면담을 통해 입원 필요성을 인지하고, 보호 의무자의 동의를 받아 입원을 신청하는 경우로, 역시 자발적 입원의 범주에 들어간다. 입원 후에는 본인이 퇴원을 신청하고 보호 의무자가 동의하는 경우, 즉각 퇴원하게 된다. 반면 환자 본인은 원하지만 보호 의무자의 동의가 없을 때는 전문의가 치료 필요성이 여전히 있는지를 판단하고, 계속적 치료 필요성이 없다고 판단되면 즉시 퇴원할 수 있고, 치료 필요성이 있다고 판단되면 다른 유형의 입원으로 전환될 수 있다.

이와는 달리, 세 가지 경우의 비자의 입원이 있을 수 있다.

첫째, '보호 입원'이다. 정신건강의학과 전문의가 대면 진단을 통해 입원 치료가 필요하다고 판단하나, 환자가 이를 거부하는 경우 보호 의무자 2인의 신청으로 입원이 가능하게 되어 있다. 보호 의무자는 자필로 '보호 입원 등 신청서'를 제출해야 하며, 입원 후 2주 이내에 다른 전문의의 추가 소견을 받아야 한다. 소견이 일치되면 입원이 유지되며, 입원일로부터 1개월 이내에 시행되는 입원적합성 심사를 통해 입원 유지 또는 퇴원이 결정될 수도 있다. 두 전문의의 소견이 일치하지 않으면 퇴원 조치가 이루어진다. 최초 입원 기간은 3개월이며, 기간 연장이 필요한 경우에는 정신건강심사위원회의 심사를 거치게 되어 있다.

둘째, '행정 입원'이다. 정신 질환으로 인해 자해나 타해의 위험이 있는 경우, 시장·군수·구청장 등 행정 책임자가 정신건강의학과 전문의의 진단과 정신건강전문요원의 의견을 받아 입원을 결정할 수 있게 되어 있다. 보호 의무자가 없거나 보호 의무자의 동의를 받기 어려운 상황에서 적용되는 경우이다. 행정 입원이 개시되면, 2주 이내에 2명의 정신건강의학과 전문의 소견을 확인하여, 소견이 일치되면 입원 유지, 불일치되면 퇴원 절차를 밟게 된다. 입원 유지의 경우에도 입원 1개월 내에 입원적합성 심사를 받아야 하며, 부적합 판정을 받으면 퇴원 조치가 이루어진다. 3개월 이내에 지자체장은 행정 입원을 해제하게 되어 있으나, 추가적 치료가 필요한 경우에는 정신건강심사위원회의 심사를 받도록 되어 있다.

셋째, '응급 입원'이다. 급박한 상황에서 정신 질환자가 자신이나 타인에게 해를 끼칠 위험이 높은 경우, 정신건강의학과 전문의와 경찰관의 동의를 받아 최대 72시간 동안 응급 입원이 가능하다. 이 기간 내에 추가적인 평가를 통해 계속적인 입원 여부를 결정하게 된다. 누구든지 경찰관 또는 구급대원을 불러 응급 입원을 의뢰할 수 있으며, 응급 입원에 동의한 경찰 또는 구급대원은 정신 의료 기관까지 대상자를 호송해야 하며, 전문의의 입원 동의를 거쳐 응급 입원이 이루어진다. 전문의는 진단과 치료를 거쳐, 정신 질환 추정자를 3일 내에 퇴원을 시킬 수 있으며, 3일 이상의 입원 필요성이 있다고 판단될 경우에는 입원 유형을 전환하여 입원을 유지할 수 있다. 이때 앞의 모든 입원 유형으로의 전환이 가능하다.

이러한 '비자의 입원'은 범법자 혹은 피의자의 신체를 구속하는 형법적 절차와는 다르지만, 일종의 강제성을 띠고 있기 때문에, 여러 차례 법령 개정이 있었고 지속적인 논쟁의 대상이 되고 있다.

2016년 9월 헌법재판소는 강제 입원을 규정한 「정신보건법」 제24조 조항에 대해 전원일치 의견으로 '헌법불일치' 판정을 내렸다. 헌법재판소는 당시 법률이 정신 질환자 당사자의 신체 자유를 과도하게 침해할 우려가 있고, 특히 보호 의무자와 의사가 공모해 강제 입원 제도를 남용할 가능성이 크다고 지적했다. 그 이후 2017년 「정신건강복지법」이 제정,

시행되었다.

2018년에 나온 「정신건강복지법 비판」이라는 논문의 저자인 윤제식·김창윤·안준호는 「정신건강복지법」의 개정 과정에서 정신 질환자의 범위가 축소되거나 지나치게 엄격한 요건을 갖추도록 변경되었고, 이로 인해 치료를 적시에 받지 못해 결과적으로 환자와 보호자를 더욱 고통스럽게 만들 우려가 있다고 비판했다.

반면, 복건우와 같은 칼럼리스트는 드라마 〈더 글로리〉에서 동은(송혜교 분)의 친모를 강제 입원시키는 장면과 드라마 〈괜찮아, 사랑이야〉에서 정신과 의사 해수(공효진 분)가 조현병을 앓는 작가 재열(조인성 분)의 강제 입원에 동의하는 장면을 언급하면서, '강제 입원'은 명목상 사라진 것 같지만 여전히 남아 있는 사회윤리적, 인권적 문제라고 지적했다. 그는 「정신건강복지법」(전면 개정 전 명칭은 「정신보건법」)은 1995년 제정 당시부터, 애초에 복지보다는 '강제 입원'에 무게를 두고 있었다고 말한다. 그리고 법률상 '동의 입원'은 일종의 '자의 입원'과 비슷한 자발적 입원처럼 되어 있지만, 사실상 강제 입원을 우회하는 루트로 악용되고 있다고 지적했다. 의사 결정 능력이 부족하다는 이유로 동의 입원 절차를 밟지만, 입원 이후 입원 유형 전환을 통해 사실상 '강제 입원'으로 전환되는 경우가 있을 수 있다는 것이다.

강제적 입원의 또 다른 경우들

사실 비자의 입원의 문제는 정신 질환자에게만 해당되는 것이 아니라,

고령 환자들이나 만성 중증 환자들의 요양병원 입원의 경우에도 유사하게 나타날 수 있다. 물론, 법령의 조건이나 제약은 다르지만, 환자 본인의 의사가 분명하지 않은 입원이 있을 수 있다는 의미이다.

20세기 초 미국에서 있었던 이른바 '장티푸스 메리' 사건은 이와 관련된 유명한 사례이다. 20세기 초에 장티푸스는 고열과 집단감염, 높은 치사율로 이어지는 무서운 수인성 질병이었다. 메리 맬런은 영국 출신으로 미국으로 이주해 와서 한 부유한 집안의 요리사로 일하던 인물이었다. 1906년 그녀가 일하던 집안의 가족들이 잇달아 장티푸스에 감염되고, 사망자까지 나오게 되자 당국은 조사에 나서게 된다. 장티푸스는 대체로 비위생적인 환경의 빈민층이나 노동자들에게 퍼지곤 했는데, 이 집안은 부유한 집안이었고 집 안의 수도에도 문제가 발견되지 않았기 때문에, 의심의 눈초리는 요리사인 메리에게 쏠렸다. 조사 결과, 메리 맬런이 과거에 일했던 가정에서도 많은 장티푸스 환자가 발병했음이 확인되었다. 병원에서 검사한 결과, 메리 맬런에게서 장티푸스균이 발견되었다. 곧이어 병원에 격리 수용 조치가 내려진다. 하지만 맬런은 별다른 증상이 나타난 적이 없었다. 당시 무증상 보균자가 강제 격리 입원된 첫 번째 사례였다.

메리 맬런은 3년 가까이 격리 입원된 후, 다시는 요리사로 일하지 않고 지속적으로 보건 당국에 근황을 보고하겠다는 조건으로 퇴원했다. 그 이후 맬런은 여러 직업과 지역을 전전하다가 1915년 자신의 정체와 이름을 숨기고 다시 한 병원의 요리사로 취직하였다. 그리고 얼마 후, 그 병원에서 의사·간호사·직원 등이 잇달아 장티푸스에 감염되고 사망자까지 나오게 되었다. 메리 맬런은 다시 병원으로 격리되었고 1938년 69세로 사망할 때까지 병원에서 지내게 되었다.

메리 맬런은 그 이후로도 오랫동안 '위험한 전염병을 퍼트린 악마'로 기억되어 왔다. 끝까지 스스로 보균자임을 인정하지 않고, 요리나 세탁일처럼 수인성 전염병에 특히 위험한 직업을 가지고 생활한 그녀에게 잘못이 있었던 것은 분명해 보인다. 그러나 손을 씻는 것의 중요성을 인식하지 못했고, 무증상 보균자라는 개념조차 불명확했던 과거의 의학적 지식에도 문제는 있었다. 생활고를 겪던 이민자 여성에 대한 복지 제도도 없었기 때문에 그녀는 이곳저곳을 떠돌아다니며 위험한 취업을 계속할 수밖에 없었을 거라는 해석도 있다.

코로나19 팬데믹의 초기 국면에서도 강제적 입원 조치가 있었다. 2020년, 전 세계는 바이러스의 감염 경로와 중증도, 치명률조차 명확히 파악하지 못한 채 대응책을 마련해야 했다. 이러한 불확실성 속에서 한국을 포함한 여러 국가들은 '무증상 환자'에 대해서도 강제적인 입원 조치를 시행하였다. 코로나19 바이러스 보균이 확인된 확진자들은 임상 증상이 거의 없는 경우에도 감염병 전파의 위험성을 차단한다는 이유로 의료진과 방역당국의 판단에 따라 병원이나 생활치료센터에 격리되었다. 당시에는 백신과 치료제도 존재하지 않았고, 감염 규모가 어떻게 확산될지 가늠하기 어려웠기에, 선제적 차단이 최선이라는 인식이 강하게 작용했다.

치료 후 바이러스가 검출되지 않아 비교적 빠르게 격리 조치가 해제된 사람들도 있었지만, 반대로 미량의 바이러스가 계속 검출되었다는 이유로

자의에 반하여 60일이 넘도록 입원 상태가 유지되는 사례도 발생했다. 진단 기준과 퇴원 기준 또한 여러 차례 변경되었지만, 한동안 확진자들은 강제 입원 후 퇴원한 다음에도 접촉일로부터 14일간 자가 격리를 유지해야 했으며, 이러한 지침을 위반한 사람들에게는 형사적 책임이 부과되기도 했다. 특히 사회적 낙인과 감시 분위기가 더해지면서, 격리 조치가 단순한 방역을 넘어 개인의 일상, 심리, 사회적 관계에까지 영향을 미쳤다는 지적도 적지 않았다.

물론 이러한 방침은 「감염병의 예방 및 관리에 관한 법률」에 근거한 합법적 조치였고, 의료진 및 취약 계층을 보호하기 위한 불가피한 선택이었다는 평가도 존재한다. 그러나 동시에 강제적 입원과 퇴원 불허 조치가 과연 최선이었는지, 혹은 최소 침해 원칙과 기본권 보장을 충분히 고려했는지에 대해서는 꾸준히 논란이 제기되었다. 2021년 말부터 오미크론 변이가 등장하고 감염자가 폭발적으로 증가하는 국면에 들어서자, 방역 정책은 병상 중심에서 자가 치료 중심으로 급격히 전환되었다. 이러한 변화의 배경에는 변이의 낮아진 중증도, 백신의 보급, 의료 체계의 부담, 사회·경제적 지속 가능성 등의 요소가 복합적으로 작용했지만, 그 과정에서 정책 일관성이 결여되었다는 비판에도 직면했다.

초창기 강제 입원 조치를 받은 환자들의 경우, 국가와 건강보험공단, 지방자치단체가 입원 및 치료 비용을 부담했기 때문에 개인에게 경제적 책임이 전가되지는 않았다. 그럼에도 불구하고, 음압병실과 같은 고비용 의료 자원이 무증상 또는 경증 환자에게까지 과도하게 배정되면서 중증 환자의 치료 역량을 잠식했다는 비판도 존재했다.

이처럼 코로나19 초기의 강제 입원 및 격리 정책은 방역의 필요성과 개인의 기본권, 의료 자원의 배분, 정책 전환의 기준과 정당성 등 다양한 쟁점을 드러냈다. 이는 감염병 대응이 단순히 의학적 판단만으로 이루어지는 것이 아니라, 법적 정당성, 윤리적 고려, 사회적 수용성, 공중보건 체계의 지속 가능성이 균형을 이루어야 한다는 복합적 과제를 다시금 상기시키는 사례라고 할 수 있다.

한쪽에서는 강제 입원의 문제를 제기하기도 하지만, 다른 한쪽에서는 입원을 희망해도 강제로 퇴원해야 하는 경우도 있다. 입원 기간에 특별한 법률적 제한이 있는 것은 아니지만, 상급 병원의 경우 병원마다 다른 규정을 적용하여 대체로 2주에서 3개월 사이의 장기 입원 제한 기간을 둔 경우가 많다. 환자의 의료비 부담과 병원 측의 효율적인 병상 운영 관리를 위한 조치로 이해되고 있지만, 장기 입원을 필요로 하는 환자들을 요양병원이나 재활병원으로 내모는 것이라는 비판도 존재한다.

입원이나 치료는 본질적으로 환자의 질병이나 질환을 완화하거나 해소하기 위해 행해지는 것이다. 그러나 치료라는 목적이 앞서서, 환자의 자율성이나 인권, 신체의 자유가 훼손되는 경우도 있을 수 있다. 사회가 고령화되고 정신 질환을 호소하는 사람들도 늘어나고 있기 때문에, 점차 치매 환자 혹은 의식이 명확하지 않은 환자, 정신 질환자의 입원을 둘러싼 논쟁은 더욱 심화될 수 있을 것이다. 의료계는 물론, 사회적 차원에서 지속적인 논의와 토론이 필요한 부분이다.

더 생각해 볼 문제

① 정신 질환에 관련하여, 강제 입원이 필요한 경우가 있다면 어떤 경우들일지에 대해 생각해 보고, 실제 법률이나 규정과의 차이에 대해서도 살펴보도록 하자. 한국의 법률과 규정은 물론, 다른 나라의 사례들도 함께 조사하여 비교해 보도록 하자.

② 고령의 치매 환자나 위험한 감염병 환자에 대해서는 어떠한 입원 규정이 필요할지에 대해서 생각해 보고 함께 토론해 보자. 메르스, 코로나19와 같은 감염병 확산 당시 어떤 사례가 있었는지에 대해서도 조사해 보도록 하자.

③ '로보토미(lobotomy)'와 같은 새로운 수술법이 등장해서 각광을 받다가 심각한 후유증이나 부작용 때문에 퇴출되는 경우가 있다. 새로운 의학 기술이나 수술법에 대해서 의료인이나 일반 시민들이 가져야할 의료적 윤리와 책임 의식, 태도에 대해 논의해 보자.

더 찾아볼 작품

드라마 〈정신병동에도 아침이 와요〉

이재규·김남수 연출, 이남규·오보현·김다희 극본의 2023년 12부작 넷플릭스 드라마 시리즈이다. 이라하의 웹툰을 원작으로 하여 제작된 드라마로, 정신건강의학과에 근무하게 된 간호사 '다은'(박보영 분)이 마주치게 되는 여러 환자들이 등장한다. 사실적인 에피소드들이 일반 시청자들뿐만 아니라, 정신 질환 환자와 가족, 의료진들에게도 좋은 평가를 받았다.

영화 〈싸이보그지만 괜찮아〉

박찬욱 감독의 2006년 작품이다. 자신이 사이보그라고 여기는 소녀 영군(임수정 분)이 정신병원에 들어가게 되고 그곳에서 일순(정지훈 분)을 만나게 되면서 생기는 다양한 에피소드들이 펼쳐진다. 로맨틱코미디 장르이긴 하지만 정신 질환 환자들의 행동들이 과장되고 우스꽝스럽게 묘사된 것에 대한 비판도 적지 않았다.

영화 〈처음 만나는 자유〉

제임스 맨골드 감독의 1999년 작품이다. 수재너 케이슨의 자전적 소설을 원작으로 한 영화이다. 우울증에 시달리다 수면제를 다량 복용한 케이슨(위노나 라이더 분)은 자살 미수 판정을 받고 정신병원에 감금된다. 그곳에서 리사(안젤리나 졸리 분)를 비롯해 자신보다 더 위태로운 환자들을 만나게 되면서 마음속 상처를 함께 나누게 된다.

돌봄의 진정한 의미와 인간의 존엄

― 영화 〈언터처블: 1%의 우정〉을 중심으로

조 민 하

영화의 배경과 줄거리

프랑스 영화〈언터처블: 1%의 우정(The Untouchables)〉은 2011년에 개봉된 감동적인 코미디 영화로 당시 비영어 영화 중 세계에서 흥행 1위를 기록한 작품이다. 우리나라에서는 2012년 3월 개봉하여 전국 관객 172만 명을 동원하기도 했다. 에릭 톨레다노(Éric Toledano)와 올리비에르 나카체(Olivier Nakache)가 공동 연출했다. 이들은 주로 유머와 감동을 결합한 스토리텔링을 통해 인간관계의 깊이를 탐구하는 작품을 만들어 왔다. 〈언터처블: 1%의 우정〉역시 전신마비 중증 장애인이 된 대부호 필립과 빈민촌에 살고 있는 드리스의 우정과 삶의 의미를 다룬다. 프랑수아 클루제(François Cluzet)가 전신마비가 된 귀족 출신 남성의 깊이 있는 연기를, 오마 사이(Omar Sy)가 드리스 역을 맡아, 유머러스하고 활기찬 성격의 간병인 역할을 소화했다.

이 영화는 실화를 바탕으로 제작되었다. 실제 주인공은 프랑스의 필립 포조 디 보르고(Philippe Pozzo di Borgo)와 그의 간병인인 알제리 출신 압델 셀루(Abdel Sellou)이다. 필립 보조 디 보르고는 프랑스의 귀족 출신으로, 와인 회사인 샴페인 모엣 & 샹동(Moët & Chandon)에서 경력을 쌓았고, 이후 루이 비통 모에 헤네시(LVMH) 그룹에서 임원으로 일했다. 그는 1993년 패러글라이딩 사고 이후 전신마비가 되어 휠체어에 의존하게 된다. 사고 이후 간병인 압델 셀루를 만나게 되었고, 두 사람은 깊은 우정을 쌓아간다. 압델 셀루는 알제리에서 태어나 프랑스로 이주하여 자랐다. 그는 프랑스 파리에서 주로 생활하며 여러 도전과 어려움을 겪었으나, 특유의 유머러스하고 솔직한 성격으로 필립에게 큰 위안과 삶의 활력을 불어넣어 주었다.

영화에서 필립은 불의의 사고로 인해 전신마비가 되어 무기력한 삶을 살고 있는 백만장자이다. 대학 때 만난 아내 앨리스와 뜨겁게 사랑했지만, 아내는 불치병 말기 판정을 받고 세상을 떠났다. 승부욕이 남달랐던 필립은 패러글라이딩을 즐겼다. 하늘 위에서 아래를 내려다보면 온 세상이 내 것 같았다. 위험한 날씨에 패러글라이딩을 고집하다가 그만 사고를 당했고, 경추가 부러져 목 아래로는 감각을 느낄 수 없는 상태가 되었다. 대저택에 살면서 집사와 비서, 의료진들의 수발을 받고 있지만 삶의 의미를 잃고 오직 펜팔로 일리노어(도로테 브리에르 분)라는 여성과 교류하며 정신적 즐거움을 느끼며 지낼 뿐이다.

드리스는 교외의 빈민가에서 홀어머니와 동생들과 함께 살고 있다. 이민자 가정에서 자라난 그는 가난과 사회적 차별을 경험하며 살았다. 어느 날 드리스는 구직 활동을 3회 인정받아 취업보조금을 받기 위해 간병인을 구하는 필립의 집을 방문하게 된다. 드리스는 필립과의 인터뷰에서 무례하고 자유분방한 모습을 보인다. 간병인으로 일할 의지도 없어 보이고, 장난스러운 농담과 요구로 일관한다. 그러나 필립은 오히려 드리스의 그런 솔직한 태도를 신선하게 느낀다.

필립은 다음 날 구인 활동 확인 도장을 받으러 온 드리스에게 이렇게 말한다. "평생을 그렇게 살 생각인가? 어른답게, 책임감 있게 살아야지. 한 달간 시험 삼아 고용해 보려고 한다네." 그리고 이렇게 덧붙인다. "당신은 분명히 2주 안에 그만둘 거야."라고. 드리스는 필립의 말에 오기가 발동해서 일을 시작하게 되고, 그가 말한 2주를 넘기리라 다짐한다. 그렇게 너무도 다른 두 사람의 예측할 수 없는 동거가 시작된다.

간병인으로 고용된 드리스는 처음에 필립의 상태에 무지하고 무심한 모습을 보인다. 간병의 개념, 환자에 대한 기본적 배려도 없어 보인다. 귀족적이고 고급스러운 필립의 생활 방식과 드리스의 거칠고 자유로운 태도는 여러 면에서 충돌한다. 그러나 필립은 드리스의 거침없는 행동 속에서 동정이 아닌 호기심과 진심을 느끼게 되고, 드리스는 필립의 신체적 한계와 내면의 고통을 이해하게 된다.

드리스는 이후 필립의 간병 업무를 성실히 수행하면서 점차 그의 취향과 내면에 집중하게 된다. 필립이 클래식 음악과 그림을 좋아한다는 것을 이해하게 되고, 필립 또한 드리스가 좋아하는 소울과 힙합 음악에 귀를 기울인다. 두 사람은 예술, 여성, 삶에 대해 대화하면서 서로에 대해 더 깊이 알아 간다.

드리스는 필립을 단순히 돌보는 것을 너머, 삶을 다시 즐기게끔 도와준다. 드리스는 필립이 편지를 주고받던 여성을 실제로 만날 수 있도록 용기를 북돋아 주고, 필립은 드리스에게 책임감을 부여하며 그의 가능성을 믿어 준다. 드리스는 필립 덕분에 새로운 삶의 방향을 고민하게 되고, 필립은 드리스 덕분에 웃음과 활력을 되찾는다.

어느 날 드리스는 가족을 돌보기 위해 간병을 그만두지만, 필립이 새로운 간병인을 찾지 못하고 무기력한 상태에 빠져 있다는 소식을 전해 듣고 다시 필립을 찾아온다. 필립을 만난 드리스는 마세라티에 필립을 태우고 파리의 해변을 질주한다. 드리스의 과속 탓에 경찰에게 추격당하는 신세가 되지만, 둘은 여전히 신난다. 드리스는 필립을 다시 웃을 수 있게 해 주었고, 필립은 드리스로 인해 다시 설레는 삶을 살 수 있게 되었기 때문이다.

두 사람의 여정은 그 관계가 단순한 동정이나 필요에 의해 맺어진 것이 아니라, 서로의 인간성을 발현하고 존중하는 과정에서 피어난 진정한 우정임을 느끼게 한다. 극단의 1%에 속한 두 사람이 서로의 다름을 있는 그대로 받아들이며 함께 성장해 나간다. 그들의 이야기는 사회적 배경이나 신체 조건이 인간관계의 본질을 규정짓지 않는다는 중요한 메시지를 전한다.

영화의 실제 주인공 필립은 이후 재혼해서 두 딸을 두었고, 현재 모로코에 산다. 드리스는 사업가로 성장하여 결혼 후 세 자녀를 두고 있다. 그리고 두 사람은 지금까지도 친한 친구로 지내고 있다.

필립과 드리스의 만남

영어 'Untouchable'은 문자 그대로는 '접근하거나 해칠 수 없는 사람', 즉 '건드릴 수 없는 존재'를 뜻한다. 또 다른 의미는 인도의 '불가족천민(Untouchables)'에서 유래한 최하층 계급을 지칭하는 말이기도 하다. 즉, 'Untouchable'은 주인공인 필립(최상층 1%의 부자)과 드리스(최하층 1% 빈민)를 동시에 함의하며, 사회적 편견과 계급 간의 간극을 상징적으로 암시한다. 필립과 드리스는 너무 다른 계층이기에 서로 만날 수 없는 상태로 존재하던 사람들이다. 그러면 이 둘이 어떻게 만나게 되었을까?

필립의 대저택 복도, 필립의 간병인 면접을 위해 지원자들이 줄지어 앉아 호명을 기다리고 있다. 면접장의 넓은 책상 앞에는 비서 마갈리가 앉아 있고, 그 뒤에 필립이 휠체어에 앉아 면접자들의 면면을 살펴보고 있다. "사회복지학 전공에 사회가정경제학을 복수 전공으로…." "저는 사람 돌보는 걸 좋아해요, 다른 건 없습니다." "누굴 돕는다는 게 얼마나 기쁜 일인지, 장애를 가진 사람들이 친형제처럼 느껴져요." "이웃 사랑을 실천하려고요." "몸이 불편해도 … 너무 의존만 하면 쓸모없어져요…." "집세 걱정 안 해도 되니 일석이조잖아요. 잠도 재워 주고, 밥도 주고. 당연히 숙소 제공이죠?" 면접자들의 인터뷰가 길게 이어졌다. 불안하게 서성이던 한 흑인 청년이 더는 기다릴 수 없다는 듯 갑자기 면접실로 들이닥친다.

"서명이나 해 줘요."

"서명이 필요하다고?" 필립이 어이없다는 듯 되받아쳤다.

"맞아요. 대충 적어 주세요. 이자는 능력과 의욕은 충분하지만 이 일엔 적합하지 않다. 늘 쓰는 말 있잖아요. 세 번 거절당해야 생활보조비를 받아요."

"생활보조비 때문에 왔군. 다른 지원 동기는?" 필립이 물었다.

"안 해 줄 거요?" 그럴 줄 알았다는 듯 드리스가 따졌다.

"지금은 해 줄 수 없겠어요. 내일 아침 9시까지 와서 받아 가요."

필립은 왜 즉각 거절하지 않고 드리스에게 다음 날 다시 방문하라고 했을까? 드리스는 다른 지원자들처럼 장애를 돕겠다거나, 장애인이 측은하다거나 이웃 사랑을 실천하겠다는 식의 태도를 보이지 않았다. 오히려 직설적이고 솔직하게 "도장만 찍어 주면 된다."고 이야기한다. 취업을 위장하지도 않는다. 그것도 너무도 당당하게 말이다. 필립이 의도적으로 휠체어에서 움직이지 못한다는 것을 보여주기 위해 앞으로 나왔을 때, 드리스는 동정은커녕 어차피 힘드니 일어날 것 없다고 말한다. 별것 아니라는 듯이. 못 움직이는 것이 뭐 대수냐라는 듯이. 드리스의 거침없는 솔직함이 낯설고 재미있어서였을까. 흥미로운 호기심이 발동해서였을까. 두 사람의 만남은 그렇게 시작되었다.

장애란 무엇인가?

'장애'와 '장애인'의 개념은 『표준국어대사전』에 아래와 같이 서술되어 있다.

장애2(障礙) 〈명사〉

1. 어떤 사물의 진행을 가로막아 거치적거리게 하거나 충분한 기능을 하지 못하게 함. 또는 그런 일.

2. 신체 기관이 본래의 제 기능을 하지 못하거나 정신 능력에 결함이 있는 상태.

장애인(障礙人) 〈명사〉

신체의 일부에 장애가 있거나 정신 능력이 원활하지 못해 일상생활이나 사회생활에서 어려움이 있는 사람.

요컨대, '장애'는 신체 기관이나 정신 능력의 기능적 불충분성을 보이는 현상이며, '장애인'은 장애로 인해 신체나 정신 기능이 온전하지 못한 사람이다. 영어의 '장애인(disabled person)'을 이르는 'disable'은 '불편한, 부상당한, 무능력한'을 의미한다. 이에 대한 대립어 'able'은 '~을 할 수 있는, 자격 있는, 유능한, 수완 있는'이라는 의미로 쓰인다. 영어권에서는 장애를 '육체'와 '정신'의 기능에 국한하는 우리보다는 더 광의의 개념으로 사용하고 있다는 것을 알 수 있다. 'able'의 반대 개념과 'disable'의 뜻풀이를 참고하면, '장애인'은 육체적 정신적 기능 이상뿐 아니라, 사회적으로 유능하지 못하거나 무능력한 상태를 포함한다.

드리스가 필립의 머리와 수염을 다듬어 주며 장난을 치고
있다. 드리스를 특별한 친구로 받아들인 필립은 자신의
우스꽝스러운 모습에도 마냥 즐겁기만 하다.
오랜 시간 육체적 정신적 상처로 인해 예민해져 있던
필립은 드리스의 진정성 앞에서 아이와 같이 순수해지는
순간을
경험하게 된다.

〈언터처블: 1%의 우정〉의 '언터처블'은 상위 1%의 필립과 하위 1%의 드리스를 대비시킨다. 그러나 그 기준은 경제적 측면에 초점을 둔 것일 뿐 사회적 능력 전체를 포함한 개념은 아니다. 필립은 상위 1%의 'able'이지만, 경추 골절로 인해 목 아래 전체가 전신마비이다. 아마 육체적으로는 하위 1%의 'disable'일 가능성이 높다. 이에 비해 드리스는 신체적으로 누구보다 건강한 상위 1%의 'able'로 보인다. 그러나 가난한 돌봄 제공자로서 사회경제적으로는 하위 1%의 'disable'이다.

'disable'은 시간이 흐를수록 더욱 악화될 수 있다. 신체적 장애를 지닌 필립은 내면의 공허함과 외로움을 느끼며 일상적 도전에 맞서지 못한다. 이성에게도 감정을 표현하지 못하며 자신에게로 향하는 차별적 시선에 맞서지 못한다. 이러한 상황이 지속될 경우 필립은 정신적 우울이 더욱 악화될 수 있다. 사회적 장애에 처한 드리스는 취약한 성장 환경에서 자랐다. 빈곤가정에 입양된 드리스는 사촌 형제들과 함께 양육되어 충분한 사회적, 경제적 돌봄을 받지 못했다. 이는 본인이 바라는 유능한 사회인으로 성장하는 데 필요한 자원을 배분받기 어려운 환경이었을 것이다. 의료접근성도 떨어져 가까운 미래에 신체적 어려움을 겪게 될 확률도 높다. 드리스는 더욱 힘겨운 삶을 살아가게 될 것이다.

'disable'은 스스로 노력함으로써 극복될 수 있는 것일까? 영화 속 필립과 드리스로부터 우리는 배울 수 있다. 그들이 가진 'able'을 서로 나눔으로써 'disable'의 악화를 막을 수 있다는 것을. 적어도 늦출 수 있게 된다는 것을. 필립과 드리스는 서로를 장애인이나 빈곤층이라는 외피에 초점을 두어 불쌍하거나 한심하게 바라보지 않는다. 또는 재력가로 이용하려 하거나 육체에 대해 시기하는 마음으로 바라보지도 않는다. 오로지 서로의 다름을 받아들이고 응원한다. 필립은 드리스를 직설적이고 유머러스한 사람으로 생각하며 그에게서 강한 생명력을 느낀다. 드리스는 필립을 예술을 사랑하는 로맨티스트로 바라보며 자신으로 인해 기뻐하는 모습에 보람을 느낀다. 서로의 아픔을 이해하고 'disable'을 부분적으로나마 'able'로 전환해 가는 필립과 드리스의 모습을 통해 우리는 건강한 관계를 맺어 가는 방법을 배울 수 있다.

우리의 삶은 어쩌면 'able'보다는 'disable'에 가까울지 모른다. 우리는 육체적·사회적 측면뿐 아니라 인종과 국적, 성별과 나이, 지역과 직업 등으로 인해 자신의 'disable'을 매 순간 경험하며 살아간다. 'disable'은 개인적 사건에서부터 국가적 차원에 이르기까지 그 스펙트럼이 다양하다. 누구나 지니고 있을 법한 'disable'은 서로의 본질을 인정하고 지지하는 과정을 통해, 그리고 내가 가진 'able'을 나누는 행위를 통해, 극복해 갈 수 있지 않을까?

대등한 관계로 인정하기

전신마비 장애를 지닌 백인 귀족 필립과 범죄 전과가 있는 이민자 출신의 청년 드리스. 두 사람은 신체적·사회적 조건으로 인해 모두 '소외된 존재'이지만, 그 소외의 성격은 전혀 다르다. 한 사람은 사회적 특권을 지녔지만 신체의 자유를 잃었고, 다른 한 사람은 건강한 몸을 가졌지만 경제적·사회적으로 주변부에 놓여 있다. 그럼에도 불구하고 이들이 친밀한 우정을 맺을 수 있었던 이유는, 서로를 있는 그대로 소중하게 여길 줄 아는 진정성 있는 관계 맺음에 있다.

필립과 드리스는 장애인 이동용 차량 앞에서 옥신각신하고 있다.

"이 차는 영 별로예요. 사람을 짐처럼 짐칸에 싣기 싫다고요."

드리스가 불만이 가득한 표정으로 필립에게 말했다. 그러다가 옆에 있는 마세라티를 보며 말했다.

"이 차는 뭐죠?"
"불편해. 보기 좋지만 실용적이지 못해."

필립이 마뜩잖은 표정으로 고개를 돌렸다.

필립이 평소 사용하고 있는 이동용 밴은 휠체어를 실을 수 있게 설계되어 있다. 그러나 드리스는 휠체어와 사람이 같은 공간에 놓이게 되어 마치 필립이 물건과 같은 취급을 받는 것이 싫었다. 반면 필립의 마세라티(5세대 콰트로포르테 GTS)는 필립이 휠체어에서 차량의 좌석으로 이동할 때마다 누군가의 도움을 받아야 했고 공간도 비좁았다. 상식적으로 장애인 이동 차량으로는 부적합했다.

"장난 아닌데? 죽이는데?"

드리스는 필립을 번쩍 들어 마세라티의 조수석에 태우고는 도심을 질주하기 시작했다. 필립은 만족스러운 미소를 머금으며 간만의 자유를 만끽하고 있었다. 마세라티는 사람들이 장애인에게는 어울리지 않는다고 생각하는 물건이다. 본인조차 불편하다는 이유로 외면해 버린 차이다. 그러나 한때는 가장 아끼던 차이기에 쓸모가 없어진 지금에도 고이 간직하고 있었으리라. 드리스는 그런 필립의 마음을 읽었고, 사회가 바라보는 장애인의 선입견에 순응하지 않았다. 필립은 본인이 가진 것을 누릴 자유가 있었고, 드리스는 그것을 가능하게 해주는 필립의 충실한 조력자인 셈이었다.

어느 날 필립의 오랜 동료가 필립을 찾아왔다. 그는 필립을 위해 매우 중요한 결단을 했다는 듯 필립에게 무언가를 속삭이고 있었다.

"저 친구에 대한 말은 알고 있지? 사람 들일 땐 신중해야지. 아무나 들이지 마, 위험한 자야. 전과 기록이 있더군. 강도죄로 6개월 복역했어. 조심해. 저런 애들은 물불 가리는 게 없다고."

드리스를 뒷조사한 후 그에 대해 알려주러 온 동료의 말에 필립은 이미 다 알고 있다는 듯 이렇게 대답했다.

"바로 그게 맘에 들어. 내가 장애인이란 걸 모르는 것 같거든. 나한테 전화기까지 건네줘. 저 친구 체력도 좋고, 머리도 제법 돌아가고, 내 처지를 생각하면 저 친구 과거 따윈 상관없어. 할 말 끝났나?"

필립은 꾸짖듯 그의 눈을 똑바로 바라보았다.

이후 필립은 그에게 드리스가 그린 그림을 아주 잘나가는 신인 작가의 그림으로 속여 11,000유로에 팔아 버린다. 마치 드리스를 '아무나'라고 표현한 그의 잘못된 안목을 비웃기라도 하듯 말이다. 그럴듯하게 작가의 그림을 흉내 낸 드리스의 그림을 예술적 조예가 깊은 필립이 소개하자 선뜻 고가에 사 버린 그는 거금을 들여 자신의 안목이 정확하지 않다는 것을 다시 한 번 증명한 셈이 되어 버렸다. 필립은 11,000유로를 드리스에게 주면서 드리스의 그림이 고가에 팔렸다며 자신감을 복돋아 준다. 드리스를 비난한 자의 돈으로 드리스에게 자신감을 심어 주는 아이러니한 상황을 만드는 지혜로운 필립이다.

드리스는 필립이 장애인으로서 억누르고 살아야만 했던 욕망을 분출할 수 있도록 돕는다. 필립은 드리스가 받는 사회적 차별과 편견에 대리하여 맞선다. 드리스는 필립이 장애인이라고 특별 대우하거나 조심스러워하지 않는다. 오히려 스포츠카를 태우고 밤거리를 질주하고, 19금 농담을 하며, 클럽에 데리고 간다. 거칠게 휠체어에 태우고 달리다가 담배를 입에 물려 주기도 한다. 또한 중매쟁이 역할까지도 한다. 필립은 드리스가 필립의 생일 파티에서 클래식 대신 힙합을 틀고 춤을 출 때 유쾌하게 웃으며 삶을 즐기는 모습을 보여준다. 드리스가 그린 그림을 고가에 팔아 주고, 드리스의 유머와 재치를 좋아했으며, 과거의 범죄 경력 따위는 신경 쓰지 않았다. 딸이 드리스에게 버릇없이 굴었을 때 엄하게 혼냈으며, 드리스가 본인이나 주변인에게 다소 무례한 언행을 해도 관대하게 웃어넘겼다. 드리스는 필립을 환자가 아닌 인간 자체로 대우했으며, 필립은 드리스를 간병인이 아닌 동등한 인격체로 여겼다.

의료 현장에서 환자는 종종 질병을 앓고 있는 '몸'으로만 인식되기도 한다. 그러나 돌봄의 본질은 환자를 대상화가 아닌 '전인적 인격체'로 대하는 데 있다. 드리스가 필립의 본질을 존중했을 때 비로소 필립이 스스로 존엄을 되찾을 수 있었듯이 의료 현장에서도 환자 중심성(patient-centeredness)이 중시되어야 한다. 물론 드리스가 필립에게 하듯 환자의 욕망을 위해 건강에 해로운 것을 제공하여야 한다는 것은 아니다. 환자가 원하는 것이 무엇인지를 알아 가려는 의료진의 노력만으로도 환자 중심성은 더욱 강화될 수 있을 것이다.

서로의 아픔에 한 발짝 다가가기

필립은 전신을 움직일 수 없는 장애를 지닌 인물이다. 타인에게 연민과 호기심, 차별의 대상이 될 수 있다. 그러나 드리스는 필립에게 내재되어 있는 도전 정신과 욕망을 일깨우고 그가 스스로의 편견에서 벗어나 자유를 찾도록 돕는다. 드리스는 빈곤, 인종, 범죄 전과라는 다중적인 사회적 취약성을 지닌 인물이다. 일반적인 시선에서 그는 '문제 청년'이거나 '도움이 필요한 대상'일 뿐이다. 그러나 필립은 그를 기존의 고정관념으로 판단하지 않고, 오히려 솔직함과 생명력을 가진 특별한 사람으로 바라본다. 그가 베푼 신뢰는 드리스가 책임감 있는 사회 구성원으로 변화하는 계기가 된다.

"드리스, 누가 찾아왔어요."

집사 이본이 늦은 저녁 필립을 안고 들어오는 드리스를 향해 말했다. 드리스의 사촌 동생 아다마가 형을 찾아온 것이다. 아다마는 어딘가 불안한 모습이었고 얼굴에는 큰 상처가 나 있었다. 갱단과 엮여 곤경에 처한 것이 분명했다.

"많이 닮았어. 길거리에서 만나도 드리스의 동생이라는 걸 알 수 있겠어."
"신기하네요. 친동생은 아니거든요. 지금 내 부모는 친부모가 아니라 삼촌과 숙모예요."

자식이 없던 삼촌은 드리스가 여덟 살 때 세네갈에서 입양했지만 이후 자식들이 생겨 이젠 너무나 많은 자녀들을 숙모가 혼자 돌보며 살고 있다고 했다. 숙모는 아다마의 사고를 수습할 여력도, 의지도 없을 것이다. "아다마가 사고 친 거 수습해야 돼? 그래서 자네를 찾아왔고?" 필립이 물었다. 드리스는 가만히 고개를 끄덕였다.

"드리스, 자네를 보낼 때가 된 것 같군. 평생 내 휠체어만 밀게 할 순 없잖나. 열심히 했으니 생활보조금을 받을 수 있을 거야."

필립은 드리스가 떠나면 다시 무기력하고 의미 없는 삶을 살게 될 것을 알았다. 그러나 자신의 필요보다 드리스의 결정과 가족 내의 역할을 더 중요하게 여겼다. 어쩌면 필립은 자신이 가진 재산과 권력으로 드리스의 역할을 대신해 줄 수도 있었을 것이다. 그러면 지금처럼 드리스와 즐겁게 지낼 수 있을 텐데… 그러나 필립은 그런 쉬운 길을 택하지 않았다. 드리스가 책임감 있는 성인으로 살 것을 원했던 필립이었기에 드리스의 선택을 존중하고 응원해 줄 뿐이었다.

"다 비켜!"
마세라티의 운전대를 잡고 도로를 질주하는 드리스.
"쫓아오는 경찰차 따돌리기 100유로."
"200유로에 에스코트."

드리스는 조수석의 필립을 장난스럽게 바라보며 내기를 걸었다. 덥수룩하게 수염을 기른 필립은 옅은 미소를 지으며 힘없이 차창을 응시하고 있다. 결국 경찰차의 제지에 차를 세운 드리스는 경찰에게 분노를 쏟아 낸다.

"장애인이 타고 있다고요. 트렁크에 휠체어도 있어요. 괜히 달리는 게 아니라고!"

조수석에 앉아 있던 필립은 입에서 하얀 거품을 토하며 온몸을 바들바들 떨기 시작했다.

"5분, 그 안에 응급실에 도착해야 해요."

이윽고 드리스와 필립은 경찰의 에스코트를 받으며 병원 응급실로 향한다. 차 안에 울려 퍼지는 음악 Earth, Wind & Fire의 'September'에 맞춰 두 사람은 흥겹게 어깨춤을 춘다. "Do you remember, the 21st night of Spetember … Ba de ya say do you remember, Ba de ya dancing in September, Ba de ya never was a cloudy day …." 마치 나쁜 짓을 저지르고 경찰을 피해 달아나는 익살스러운 10대들처럼.

"이제 뭐하지?"

필립은 자신의 입에 담뱃불을 붙여 물려 주는 드리스에게 묻는다.

"나한테 맡겨요."

드리스는 다시 아주 먼 길을 달려 해안가의 한 호텔에 도착한다. 필립은 오랜만에 평화로운 자유를 만끽하고 있었다. 드리스다운 농담, 머리와 수염을 다듬어 주는 시간 … 모든 순간이 편안하고 즐겁다. 이미 서로는 간병인과 환자가 아닌 특별한 친구가 되었다. 드리스가 필립의 머리카락과 수염을 갖고 놀면서 둘은 자지러지게 웃고 있다.

다음 날.

"오늘 점심 친구는 내가 아니에요. 왜? 다른 손님이 올 거니까."

드리스는 바다가 보이는 호텔 식당에 필립의 휠체어를 고정시킨다.

"데이트하라구요."

"무슨 소리야?" 필립은 당황하면서 멀어져 가는 드리스를 돌아본다.

이미 드리스는 발코니 밖에 서 있다.

어디선가 많이 본 듯한 여성이 필립 앞으로 웃으며 다가왔다.

"반가워요, 필립."

필립의 입가에는 억제할 수 없는 기쁨의 미소가 번졌다. 펜팔로만 마음을 전하던 일리노어였다. 만날 수 있는 기회가 한 번 있었지만, 너무 긴장한 나머지 도망쳐 나오고 말았기에 항상 후회와 그리움이 남아 있었을 터였다. 드리스는 두 사람이 서로를 향해 미소 짓는 모습을 바라보며 홀로 유유히 바닷가를 걸어 멀어져 간다. 필립이 지닌 내면의 욕망, 행동할 수 없기에 말하지 못한 그의 망설임을 드리스는 이해하고 있었다.

드리스는 좀처럼 자신의 이야기를 하지 않았다. 겉으로는 장난스럽고 활발한 성격이었지만, 집에서는 자신의 공간이 없었고 가족에 대한 책임과 미래 없는 하루하루가 기다리고 있을 뿐이었다. 드리스가 자신이 입양된 과거와 현재의 암담한 가족의 이야기를 필립에게 했을 때 끝까지 진지하게 함께 고민해 주고 드리스의 의도를 먼저 말해 주고 힘든 결정을 해 준 필립이 고마웠을 것이다.

필립은 대학 때 만난 사랑했던 아내가 불치병으로 세상을 떠난 후 불행한 삶을 살다가 자신마저 하반신 마비가 되었다. 그러다가 펜팔 하던 일리노어와 사랑에 빠졌으나 장애인이 되어 버린 자신의 모습으로 인해 오랫동안 만나지 못하고 괴로워했다. 드리스가 동생의 일로 필립의 곁을 떠나게 된 기간 동안 필립의 삶은 더욱 피폐해졌고 손발을 움직일 수 없어 죽을 수도 없음에 한탄스러워했다. 그러던 필립이 다시 드리스를 만나 생기를 되찾고 사랑하는 일리노어까지 만나게 된 것이다. 두 사람은 서로의 고통과 외로움을 공유하면서 상대의 세계를 더 깊이 이해하게 되었다. 자신의 상처와 취약함을 솔직하게 드러내고, 상대방은 이를 받아 주면서 진정한 인간적 관계로 발전할 수 있게 된 것이다.

더 생각해 볼 문제

① '장애'는 신체적, 정신적 기능이 원활하지 못한 상태를 이른다. '원활하다'의 의미를 생각해 보고 '장애'의 기준과 사례를 구체적으로 이야기해 보자.

② 의료 현장에서 의료 정보의 불균형성, 건강 상태의 취약성 등으로 인해 의사 중심의 의사소통이 이루어질 수 있다. 환자와 의료인 간 대등한 관계 맺기가 가능하기 위해서 어떤 노력이 필요한지 토의해 보자.

③ 필립과 드리스가 진정한 우정을 형성할 수 있었던 이유는 무엇인가? 우리 사회에서 장애인을 비롯한 취약 계층을 대하는 모습은 어떠해야 할지 이야기해 보자.

더 찾아볼 작품

영화 〈패치 아담스(Patch Adams)〉
톰 새디악 감독의 1999년 작품이다. 헌터 아담스(로빈 윌리엄스 분)는 환자를 단순히 치료 대상으로 보지 않고, 웃음과 유머를 통해 그들의 정신적 상처까지 치료하는 진정한 의사이다. 의료인문학적 관점에서 '치료'보다 '돌봄'의 가치를 다시 생각하게 하는 작품이다.

영화 〈레인 맨(Rain Man)〉
배리 레빈슨 감독의 1989년 작품이다. 자폐 스펙트럼을 가진 형 레이먼(더스틴 호프먼 분)과 이기적인 동생 찰리(톰 크루즈 분)의 관계가 여행을 통해 변화하고, 결국 서로에게 의미 있는 존재로 자리매김한다. 서로의 차이와 장애를 인정하면서 우정과 돌봄을 배우는 과정을 보여준다. 인간관계 속에서 '돌봄'이 일방적인 시혜가 아니라 상호적인 성장임을 드러낸다.

영화 〈오아시스〉
이창동 감독의 2002년 작품이다. 출소한 전과자 종두(설경구 분)와 뇌성마비 장애를 가진 공주(문소리 분)의 만남을 그린 영화이다. 사회로부터 철저히 배제된 두 사람이 서로에게 다가가며 불완전하지만 진실된 사랑과 관계를 만들어 가는 과정을 담고 있다. 이 영화는 질병과 장애를 바라보는 사회적 시선의 폭력성을 성찰하게 한다.

선의지(goodwill)와 시스템 사이에서
―영화 <그 남자, 좋은 간호사>를 통해 본 의료범죄

이 상 덕

의료사고, 의료과실, 의료범죄

의료 현장에서 늘 원하는 결과를 얻을 수 없다는 것을 우리는 안다. 그러나 결과가 예상했던 것보다 훨씬 안 좋을 경우, 이는 환자뿐 아니라 환자 가족, 그리고 사회에까지 큰 충격을 줄 수 있다. 의료의 결과가 예상했던 것과 크게 차이가 나는 경우는 대체로 의료사고, 의료과실, 의료범죄라는 세 가지 유형으로 구분할 수 있다. 이들은 각기 다른 원인과 책임 구조를 가지므로, 의료 결과를 최선으로 끌어올리기 위해서 이들을 바르게 이해하고 최소화해야 한다. 각각의 유형을 먼저 살펴보자.

먼저, 의료사고(medical accident)는 의료진이 표준 절차를 따랐음에도 예측하기 어려운 합병증이나 불가피한 결과로 환자에게 피해가 발생한 경우다. 예컨대 고위험 수술 중 예상치 못한 출혈로 사망하거나, 드문 약물 부작용이 나타나는 경우가 이에 속한다. 의료사고는 잘잘못을 따지기보다 사후 보상과 설명 책임이 더 중요하다. 의료과실(medical error)은 의료인의 부주의, 지식 부족, 판단 착오 등으로 인해 발생하는 비의도적인 피해이다. 대표적인 예로는 투약량을 잘못 계산하거나, 수술 부위 착오 등이 있다. 이러한 실수는 개인의 책임도 있지만, 시스템적 요인(과도한 업무량, 야간 근무, 피로 누적 등)도 중요하다. 미국 IOM(Institute of Medicine) 보고서(*To Err is Human: Building a Safer Health System*, 2000)는 "의료과실은 개인이 아닌 시스템이 만든다."라고 단언한 바 있다. 마지막으로 의료범죄(medical crime)는 의료인이 의도적, 반복적, 또는 중대한 법령 위반을 통해 환자에게 해를 끼친 경우를 말한다. 이는 단순한 실수가 아니라 고의성, 이익 추구, 윤리적 결함이 결합된 결과이다. 무면허 의료 행위, 대리 수술 및 시술, 진료 기록 조작, 불필요한 시술 유도 등이 여기에 해당하며, 형사처벌 및 면허취소 등의 법적 제재가 따른다. 의료사고는 인간의 힘으로 막기 어렵지만, 의료과실과 의료범죄는 인간의 노력으로 최소화할 수 있기에 이에 대한 깊이 있는 연구와 개선이 필요하다.

 2022년 영화〈그 남자, 좋은 간호사(The Good Nurse)〉는 미국에서 실화로 벌어진 의료범죄를 재현하며, 의료범죄의 단면을 보여주고 좋은 의료에 관한 성찰의 기회를 마련해 준다. 이는 2013년에 벌어진 실화를 바탕으로 찰스 그래버(Charles Graeber)가 쓴『*The Good Nurse: A True Story of Medicine, Madness, and Murder*』를 바탕으로 영화화한 것이다. 주인공 찰스 컬렌(에디 레드메인 분, 영화에서는 찰리라고 부른다)은 간호사로 근무하며, 약물 유해 작용을 이용해 불특정의 사람들을 살해한 연쇄살인범이다. 그의 범죄는 16년 동안 9개의 병원에서 반복되었으며, 피해자는 확인된 숫자만 40여 명, 추정치로는 400명에 달한다. 컬렌 개인의 비정상성도 부각되지만, 이 범죄의 핵심은 병원들이 이를 묵인하고 숨긴 의료 시스템의 구조에 있다. 병원들은 사망률 이상 징후를 인지하고도 외부 고발을 하지 않았고, 조용히 문제 인력을 해고했다. 살인자는 아무 제재 없이 다른 병원에 이직했고, 범행을 지속할 수 있었다. 즉, 이 사건은 단순한 개인 범죄가 아닌 구조적 범죄이다. 내부 고발자가 없었다면, 범죄는 더 오래 지속됐을 것이다. 이 영화는 개인 의료윤리의 한계와 병원이라는 조직의 자기 보호 본능, 그리고 책임 회피 구조를 날카롭게 드러낸다.

강한 병원과 약한 간호사 둘—영화의 줄거리

병원은 영화에서 강한 힘을 지닌다. 우선, 영화의 배경이 되는 뉴저지의 파크필드 병원(Parkfield Memorial Hospital)은 주인공인 간호사 에이미 록런(제시카 차스테인 분)과 찰스 컬렌을 채용한 갑이다. 위험관리자와 변호사 등 전문가들이 병원을 지키고 있으며, 시의원과 같은 권력의 지지도 받는다. 의학적 전문 지식 역시 아무나 쉽게 이해하거나 판단할 수 없어서 이 역시 권력이 된다. 이러한 힘을 통해서 병원은 흔들림 없이 자신을 유지한다. 간호사 에이미가 판단하여 보호자가 환자 옆에서 잘 수 있도록 하는 등 약간의 편의를 봐주자 병원은 불편함을 직설적으로 표현한다.

"가족을 위한 호텔을 운영할 만한 인력은 없어요. … 한 푼이 아쉬운 상황이라고요."

할머니 환자 애나가 돌연 사망했을 때 병원은 애나를 모든 의료 기기에 연결된 채 나체 상태로 방치하였다. 이를 정리해 주는 것은 간호사 에이미의 선의이다. 찰리는 이 모습을 보면서 환자의 존엄성을 찾아 주는 것이 가장 중요하다고 말한다. 병원은 인간의 존엄성을 찾아 주는 것에 인색하다. 애나의 죽음으로 경찰과 병원 측, 그리고 시의원이 조사를 진행한다. 병원은 약물에 대한 독특한 유해 반응일 뿐이라고 설명하면서, 보건부의 지시 때문에 별일 아니지만 경찰을 불렀다고 말한다. 시신도 이미 화장된 상태이다. 여러 가지로 의심스러운 면이 많지만, 경찰은 어쩔 도리가 없다. 병원 측에서는 복잡하고 어려운 서류라며 경찰이 이해할 수 없을 것이라는 태도를 보인다. 병원 측은 증거와 기록 일부만 제공하고, 계속 늑장을 부린다. 한편, 병원은 사건에 대해 직원들을 모아 설명회를 열고, 병원 변호사가 이런 상황에서는 환자 정보의 비밀 유지가 최우선이라고 말한다. 또한, 대변인을 동행하지 않고 경찰에게 말하는 것은 계약서 위반임을 고지한다. 병원은 환자 정보를 보호한다는 구실로 병원에게 위협이 되는 증언을 하지 못하도록 원천적으로 막는 것이다.

병원은 이미 찰리가 범인임을 알고 있었다. 그러나 간호사가 시스템의 허점을 이용하여 약물을 빼돌렸다는 것이 알려지면 병원이 받을 타격이 컸기에 이를 덮으려고 다른 이유를 대어(허위 이력) 해고한다. 병원에서는 좋은 구실을 찾은 것이다. 범죄에 대해서는 한마디도 없다. 이런 식으로 찰리는 범죄에 대한 벌을 받지 않고 이직할 수 있게 된다. 결국, 9개의 병원에서 같은 범죄를 계속 저질렀다. 이를 알게 된 에이미는 위험관리자인 린다(킴

디키스 분) 역시 한때 간호사였다고 말하면서 이와 같은 병원의 만행을 꼬집는다.

"문제가 있다는 것을 누가 봐도 알 수 있어요. … 알면서 아무 조처도 안 하는 거예요."

병원은 자신이 가진 우월한 지위를 활용하여 최대의 이윤을 남기려고 한다. 병원 안에 있는 의료진과 직원, 심지어 환자까지도 이윤을 남기기 위한 수단일 뿐이다.

한편, 개인으로서의 찰리를 살펴보자면, 그는 영화에서 가장 악하면서도 동시에 약한 존재이다. 그는 범죄자이지만 선하다. 그래서 제목이 '그 남자, 좋은 간호사'일지도 모른다. 찰리가 처음 파크필드 병원에 야간 간호사로 채용되었을 때, 에이미는 찰리와의 대화를 통해 서로 아는 친구인 간호사 로리 루커스가 있다는 것을 알게 되고, 이를 계기로 마음을 열게 된다. 또한, 환자 애나에 대해 설명하면서 찰리가 간호사로서의 지식이 출중하다는 것도 알게 된다. 찰리와 에이미 모두 이혼했고, 두 명의 딸이 있다는 점도 같았다. 에이미는 자신의 처지와 비슷한 찰리에게 의지하게 되고, 에이미의 딸들도 찰리와 친해진다. 찰리는 에이미를 진심으로 돕고 위로한다. 그러나 결국 그는 살인자이다. 그는 왜 범죄를 저질렀을까?

그가 왜 범죄를 저지르게 되었는지는 모른다고 영화에서도 말한다. 에이미가 범죄를 저지르는 모습을 본 것은 천만다행이었다. 심폐소생술을 하고 지친 에이미가 약 저장고로 가서 힘없이 앉아 있는데, 약 자동 분배 시스템인 PYXIS에서 약 인출을 진행하고 바로 취소를 누르는 편법으로 찰리가 약을 꺼내 준다.

에이미 : "이러다 잘려요."

찰리 : "PYXIS에는 결함이 있어요. 요청 취소를 늦게 누르면 어차피 서랍이 열리거든요."

에이미 : "이건 약품 절도예요."

찰리 : "에이미, 그런 걱정은 마요."

찰리는 범죄를 저지르는 데 양심의 가책이 없다. 그저 에이미를 돕고 싶은데, 시스템에는 결함이 있으니 이를 이용하는 것이다.

찰리는 늘 친절했지만, 두 번 갑작스러운 분노 행동을 표출한다. 첫 번째는 경찰이 에이미를 찰리에게 면담자 겸 정보원으로 연결했을 때이다. 그녀는 경찰과 공조하여 찰리를 불러내고 그가 자백하게 만들어야 했다. 에이미는 카페에서 찰리를 설득하려 하지만 실패한다. 그는 해고를 당한 뒤 엘름스워스(50km 떨어진 곳)에서 새로 일을 시작하게 됐다고 말한다. 찰리는 파크필드 얘기를 하고 싶지 않다고 했지만, 에이미는 찰리가 범죄를 저질렀다는 소문이 사실이라서 그러냐고 떠본다. 에이미가 찰리의 손을 잡으려고 하자 찰리는 식탁을 쾅 내리치며 분노의 행동을 보인다. 하지만 에이미가 더 몰아붙이자 찰리는 더 이상 화를 내지 않고 자리를 뜬다. 두 번

그들은 친구였다.
하지만, 찰리는 의료범죄를 일으키게 되었고, 에이미는
선의지를 지켜냈다.

째는 찰리의 체포 이후 구치소 중범죄 취조실에서다. 찰리는 자신의 죄에 대해 아무 말도 하지 않는다. 형사들은 여자들만 죽였는지, 전처나 엄마가 떠올랐기 때문인지 등에 관해 묻지만, 이는 범죄의 이유가 아니었다. 범죄의 방식도, 몇 명을 죽였는지도 대답하지 않는다. 달래도 보고 소리도 쳐 보지만 어떠한 답변도 듣지 못한다. 여기서 또 한 번 분노를 표출하며 책상을 내리친다. 찰리는 위기에 처했을 때 분노를 표출하는 것밖에 방법이 없다. 그래서 그는 약한 사람이다. 위기에 처했을 때 자신을 완벽히 변호할 수 있어서 완벽한 모습을 유지하는 강한 병원과는 다르다.

찰리를 풀어 줘야 하는 날 하루 전, 결국 형사들은 에이미에게 도움을 청한다. 에이미는 찰리의 수갑을 풀어 달라고 하고, 찰리의 어깨에 자기가 입고 있던 스웨터를 벗어 걸쳐 준다. 찰리는 순한 양 같지만 불안하다.

"난 너의 선량함을 잊고 있었어. … 난 널 평생 이해하지 못할 거야(I forgot about your goodness. … I'll never understand)."

찰리가 눈물을 보이자 에이미가 그의 얼굴에 손을 갖다 댄다. 그 역시 에이미의 손에 얼굴을 갖다 댄다. 그 역시 위로와 공감이 필요한 한 인간일 뿐이다. 에이미가 요청하자 그는 자신이 죽인 사람들 이름을 생각나는 대로 말한다. 더글라스 스티븐슨, 애나 마르티네스, 켈리 앤더슨, 이름은 기억 안 나는데 더 어린 남자아이 등을 말한다. 왜 그랬냐고 묻자 그는 힘없이 말한다.

"누구도 날 막지 않았어(They didn't stop me)."

그는 그제야 커피를 한 모금 마신다. 에이미가 그의 손을 잡아 준다. 병원이나 찰리나 올바른 행동을 하려는 의지가 없다. 병원은 이윤을 남기기 위한 목적 때문에, 찰리는 목적이 없어서…. 올바르게 행동하려면 의지가 필요하다.

에이미 록런이라는 인물도 살펴보자. 그녀는 2003년, 파크필드 병원에서 ICU 간호사로 일하고 있다. 그녀는 환자를 인격적으로 대하는 좋은 간호사이다. 그녀는 환자들에게(심지어 의식이 없는 환자에게도) 사적인 대화를 시도하며, 힘든 일도 거뜬히 해낸다. 에이미의 사적인 삶도 소개된다. 운전석 뒷면에 아이들이 스티커를 붙여 놨다. 행복한 일상을 살아야 하는 아이들이 에이미에게는 버겁기도 하다. 아이들을 돌봐 주는 아주머니의 임금이 밀려 있고, 우유도 떨어졌다. 게다가 심근병증으로 수개월 안에 사망할 수 있다는 검사 결과를 듣는다. 그녀는 심장이식을 받아야 하며, 일도 쉬어야 한다. 그런데 건강보험도 없고 1년은 근무해야 건강보험 적용 대상이 되기 때문에 병가를 낼 수 없다. 검사비와 상담비 980달러를 카드 두 개로 나눠서 결제해야 한다. 비마저 온다. 눈물이 흐른다. 그녀에게 현실은 냉혹하다. 그녀의 삶은 개인적인 것이지만, 동시에 일반적인 간호사의 삶을 보여주는 것이기도 하다. 그녀와 같은 간호사들이 많으리라.

그러나 그녀는 여느 간호사들과 다른 선택을 하고, 올바른 행동을 하기 위한 의지를 갖는다. 선량한 개인에 머무르는 것이 아니라, 선의를 가진 간호사로 행동한 것이다. 이는 병원이나 찰리와는 다른 모습이다. 이 때문에 범죄가 밝혀진다. 애나의 죽음을 수사하는 형사들이 에이미를 면담할 때, 참관하던 위험관리자 린다가 잠시 방을 비운다. 형사들은 이 기회에 에이미에게 서류를 보여주며 특이점을 묻는다. 에이미는 자신이 아는 대로 포도당 수치가 이상하다고 하면서, 인슐린이 주입되었을 가능성, 즉 이중 약물 치료 오류의 가능성을 제기한다. 형사들은 찰리가 개입되었을 가능성을 묻지만, 에이미는 찰리를 의심하기 전이므로 그가 개입되었을 가능성은 없고 정말 좋은 간호사라고 강조한다. 그녀는 자신이 아는 것, 생각하는 것을 거짓 없이 말한다.

그사이, 또 다른 환자 켈리의 의식이 흐려지며 의문사한다. 농담도 했었는데 갑자기 환자 상태가 바뀐 것이다. 에이미는 그녀의 몸 안에 인슐린이 있었다는 것을 확인한다. 형사들이 다시 방문하여 찰리가 9개의 병원에서 일했다는 것과 1995년 펜실베이니아 파머에서도 디곡신이라는 약물을 빼냈다는 것을 알려 준다. 에이미는 사실 확인에 들어간다. 찰리가 과거 다닌 병원의 동료 로리에게 연락하여 비슷한 죽음들이 있었음을 확인한다.

"죽은 사람의 수액 주머니에서 인슐린이 나왔어. 다른 주머니들에서도. 누군가 저장실의 수액 주머니에 미세한 구멍을 뚫어서 그 안에 인슐린을 주입한 거야. … (병원은 찰리를) 의심하지 않았어."

에이미는 병원 창고를 뒤져 수액에 주사로 주입한 흔적을 찾아낸다. 에

이미가 체력 저하로 쓰러진다. 깨어나자 병실에 수액을 단 채 누워 있고, 찰리가 와 있다. 수액에 무엇이 들었을지 모른다. 에이미는 찰리가 자기 대신에 자신의 아이들을 확인했다는 말에 소스라치게 놀란다. 에이미는 자신이 맞고 있는 수액을 서둘러 떼어 내고 퇴원한다. 찰리가 집까지 데려다주는 동안 침착함을 유지한다.

에이미는 경찰과의 공조를 계속한다. 그녀는 경찰이 PYXIS 기록을 6장밖에 가지고 있지 않은 것을 보고 시스템을 설명해 준다. 병원에서는 6장밖에 보여주지 않았지만, 기록은 처음부터 있었던 것이다. 그녀는 자신의 병동 기계에서 찰리의 PYXIS 기록을 뽑아 경찰에게 준다. 모두 증명할 수 있을 것 같지만 취소한 기록밖에 없는 것이므로 증거가 되지 않는다. 그래도 에이미는 포기하지 않는다. 그녀의 태도는 이중적인데, 범죄에 대해서는 끝까지 파헤치지만, 찰리 개인에 대해서는 두려워하면서도 연민을 느낀다. 그러한 그녀의 선의가 찰리에게 가닿아 찰리가 진실을 말할 수 있었던 것 같다. 영화는 마지막에 긴 자막을 삽입하는데, 결론은 에이미가 좋은 간호사라는 것이다.

"찰스 컬렌은 사형을 피하고자 29명 살인에 대해 유죄를 인정했다. 실제 피해자 수는 400명에 달할 것으로 추정된다. 컬렌은 끝내 살해 동기를 밝히지 않았다. 컬렌은 현재 뉴저지 주립 교도소에서 18번의 종신형을 살고 있으며 가석방 신청은 2403년에야 가능하다. 컬렌은 16년 동안 간호사로 일했는데 근무한 병원 대부분이 컬렌에게 의구심을 품었지만 범행을 저지한 곳은 한

군데도 없었다. 병원들을 상대로 이루어진 형사소송 절차는 단 한 건도 없었다. 에이미는 심장 수술을 받았고 두 딸, 손주들과 플로리다에 산다. 에이미는 여전히 좋은 간호사이다."

선량함(goodness)과 선의지(goodwill)의 사이에서

리디아 홀의 간호 이론은 세 가지 요소를 중심으로 한다[Bashir & Mishra, "Care to Cure: Voices of Sick Bodies in the film The Good Nurse (2022)"]. 그 세 가지 요소는 환자의 신체적·일상적 돌봄을 의미하는 케어(Care), 질병의 치료와 관련된 의료적 개입을 뜻하는 큐어(cure), 그리고 환자의 정서·심리·인간적인 요구를 중심으로 한 소통과 공감을 뜻하는 코어(core)이다. 영화 속 주인공 에이미는 바로 이 이론의 구현자라고 볼 수 있다. 자신의 심장 질환과 가정의 어려움 속에서도 그녀는 환자와 눈을 맞추고, 이야기하며, 인간으로서 함께 아파한다. 반면 찰스 컬렌은 무언가가 결여되어 있다. 그는 자신의 편의대로 시스템의 허점을 악용했고, 사람의 신뢰를 배신했다. 오늘날의 의료 시스템은 의사·간호사·행정·기술자·보험 등 많은 것과 연결되어 있지만, 동시에 모두가 "내 책임이 아니다."라고 말할 수 있는 구조로 되어 있다. 찰리는 이 구조의 허점을 파고들어 수십 년간 병원을 옮겨 다니며 범행을 저질렀다. 병원은 그 사실을 알고 있었지만, 그를 조용히 해고함으로써 문제를 해결하고자 했다. 환자의 안전보다 병원의 명성과 법적 리스크 관리가 우선이었던 것이다. 이는 의료 시스템의 윤리적 붕괴라고 할 수 있으며, 찰리는 어쩌면 이 붕괴의 희생자이기도 하다. 놀랍게도, 영화가 보여주는 가장 강력한 치유 행위는 '간단한 대화'이다. 에이미는 환자에게 "결혼한 지 얼마나 되셨어요?" "아이 이름이 뭐예요?" 같은 사소한 말을 건넨다. 이 대화는 단순한 소통이 아니라, 인간됨을 회복시키는 행위이다. 환자나 데이터가 아닌 인간으로서 궁금한 질문들을 하는 것이다. 에이미는 바로 이 영역에서 환자에게 신뢰와 안정을 제공한다. 찰리 역시 에이미의 이러한 면에 교화되었던 것으로 보인다. 찰리는 의학적 지식은 있었지만, 감정과 윤리 교육, 그리고 이를 바탕으로 올바른 의료를 행할 의지가 없었다.

그러나 에이미 역시 강한 영웅은 아니었다. 어려운 환경에 처한 한 명의 선량한 간호사였을 뿐이다. 그녀는 자신이 돌보던 환자들이 죽어 가는 상황에서, 그 원인이 동료의 범죄일지도 모른다는 도덕적 불안(moral anxiety), 찰리가 범죄자라면 자신이나 아이들이 위험할 수 있다는 현실적 공포인 현실 불안(reality anxiety), 자신의 병이 들통 나 직장에서 해고될까 봐 두려워하거나, 딸이 자신의 병을 알까 봐 걱정하는 모습에서 나타나는 내면적 불안인 신경증적 불안(neurotic anxiety) 등을 겪는다. 에이미는 약한 사람이었지만, 이러한 불안을 극복할 힘을 가지고 있다. 바로 선의지에 기반한 진실의 추구이다. 에이미는 거짓말을 하지 않는다. 찰리가 두려워서 거리를 두려고 할 때도 완전히 거짓말을 하는 것은 아니고, 완곡하게 표현한다. 반대로 찰리는 환자에게, 동료에게, 심지어 자신에게 거짓말을 한다. 그러나 더 무서운 건 개인의 거짓보다 병원의 거짓이다. 찰리는 '헌신적인 간호사'라는 역할을 통해 모든 사람을 기만했으며, 병원은 그 기만에 편승했다. 반대로도 마찬가지이다. 영화는 우리가 당연하다고 믿었던 의료윤리, 병원의 시스템, '좋은 사람'이라는 이미지를 하나씩 해체하며 진실·거짓·도덕이라는 개념이 얼마나 복잡하고 위태로운 것인지를 드러낸다. 선량함은 진실과 올바름에 대한 선의지가 없으면 시스템의 윤리적 붕괴 속에서 변질된다. 이는 필연적으로 도덕성의 균열로 이어진다. 진실을 따르려면, 불편한 질문을 던져야 하고, 침묵을 강요받을 때 가장 크게 소리쳐야 한다. 에이미는 진실을 따라가면서 범죄를 밝혀내고, 병원들에게도 위협이 되었다. 그녀가 처음부터 큰 힘을 가지고 있었던 것은 아니지만 차근차근 단계마다 변질되지 않고 진심으로 진실을 추구했기에 이 모든 것을 해낼 수 있었던 것이다.

이러한 위험을 경계하기 위해 2005년 미국에서는 「환자 안전과 치료개선법(Patient Safety and Quality Improvement Act of 2005, 'PSQIA'라 한다)」을 통과시켰다. 이에 따라 환자 안전 단체(Patient Safety Organization, 'PSO'라 한다)를 만들고, 환자 안전 데이터베이스를 구축했다. 이를 통해 환자 안전 자료를 확보하고, 보고(reporting)를 장려하였으며, 토론을 활성화했다. 선의지를 마냥 바랄 수 없는 현실에서 시스템의 보완은 필수이다. 우리는 모두 선량함과 선의지의 사이에 있다. 선의지를 가지고 정의를 추구하지만, 여기에 온전히 의지할 수 없기 때문에 법의 장치를 이용할 필요가 있다.

의료범죄의 사건들: 시프먼 사건과 유령수술

찰스 컬렌 사건과 가장 자주 비교되는 의료범죄는 바로 '죽음의 의사(Dr. Death)'라는 별명으로도 잘 알려진 해롤드 시프먼(Dr. Harold Shipman)의 사건이다. 그는 영국에서 250명 이상의 환자를 죽인 현대 최악의 연쇄살인 의사로, 30여 년간 범행을 저지르면서도 지역사회의 신뢰를 얻고 있었다. 그는 주로 노인 여성이나, 혼자 사는 사람, 그리고 자신을 신뢰하여 자주 방문한 환자들을 그 대상으로 삼았다. 그는 몰핀을 과다 투여하여 조용히 살해했고, 심지어 '품위 있는 죽음'으로 위장하기까지 했다. 피해자들은 대부분 지병이 있던 터라 자연사처럼 위장하기 쉬웠다. 시프먼은 자신의 권위와 환자의 무지를 이용해 약물 과다 처방을 통해 죽음을 유도했고, 사망진단서를 직접 작성할 수 있는 권한 덕분에 의심을 피할 수 있었다. 무엇보다 놀라운 건, 수많은 환자가 그에게 치료받다 죽었음에도, 동료나 보건 당국이 본격적인 조사를 진행하지 않았다는 점이다. 당시 영국 의료 시스템에서는 개업의의 단독 판단으로 사망진단서 작성이 가능했기 때문에, 별도의 검증 없이 장례 절차로 넘어갔다. 시프먼은 '의료 전문가'라는 지위의 신성성에 의해 보호받았고, 그 권위에 의심을 제기하는 것은 곧 시스템 전체를 불신하는 행위로 간주되었다. 1998년 6월, 건강하던 81세 여성 캐슬린 그런디가 갑자기 사망하고, 시프먼이 '부검 필요 없음'으로 처리하면서 이상한 낌새가 퍼졌다. 그녀의 사망 이후 작성된 유언장이 시프먼에게 유산 전액을 상속한다는 내용이었기 때문이다. 유족은 의문을 품고 경찰에 알렸다. 이후 시신이 부검되었고, 몸에서 비정상적인 수치의 몰핀이 검출되면서 수사가 시작되었다. 경찰은 시프먼의 진료 기록 조작, 처방 내역, 사망자 목록 등을 조사했다. 그의 진료를 받고 사망한 환자들 중 상당수가 비슷한 패턴을 보였다. 2000년 1월 31일, 해럴드 시프먼은 15건의 살인과 1건의 위조죄로 종신형(가석방 없는)을 선고받았다. 시프먼은 2004년 1월 13일, 잉글랜드의 웨이크필드 교도소에서 수감 중 자살했다.

이 사건으로 영국의 의사에 대한 전면적 감시 체계가 개편되었다. 이를 시프먼 효과(Shipman effect)라고도 한다. 의사의 단독 사망 진단권을 제한하였고, 사망 시 두 명 이상의 의료진이 확인해야 하는 것으로 바뀌었다. 장례 절차 때에 "사망한 사람의 죽음이 폭력적이거나 부자연스러웠던 것을 알고 있거나 의심하고 있나요? 사망한 사람의 유해에 대한 추가 조사가 필요하다고 생각하시나요?"의 질문을 하는 것이 보편화되었다. 또한, 전자 의무기록(EMR) 체계를 강화하여 의사 혼자서 진료 기록을 마음대로 조작할 수 없도록 하였고, 기록 이력 추적 시스템을 도입하였다.

우리나라의 경우 대리 수술, 혹은 유령수술이 끊이지 않는다. 가장 잘 알려진 사건인 권대희 사건은 2016년 9월 8일, 서울 강남의 한 성형외과에서 발생한 의료과실 사망 사건이다. 권대희 씨는 당시 25세로, 안면 윤곽 수술을 받기로 했다. 수술 시간은 4시간으로 예정되어 있었으나, 이를 훨씬 넘겨 7시간 이상 이어졌다. 수술 직후 권 씨는 회복 과정에서 과다 출혈로 인해 심정지 상태에 빠졌고, 병원 측은 약 50분이 지나서야 119에 신고해 인근 대학병원으로 이송했다. 그러나 이미 뇌사 상태였고, 끝내 9월 30일 사망했다. 사건의 핵심 쟁점은 수술 도중 담당 의사가 수술실을 수차례 비웠다는 점, 그리고 집도의가 자리를 비운 사이 6개월 경력의 그림자 의사와 무자격자인 간호조무사 등이 수술을 대신 집도했다는 점이었다. 권 씨의 어머니는 아들의 갑작스러운 상태 악화를 납득할 수 없어 병원에 CCTV 영상을 요구했고, 그 영상에는 권 씨가 수술대 위에서 피를 흘리는 동안 아무런 조치도 취해지지 않은 장면이 담겨 있었다. 〈PD수첩〉(2019년 7월 9일 방송)에서 한 성형외과 전문의와 진행한 인터뷰에서 집도의가 가운을 입고 들어와 글러브만 갈아 끼는 것이 지적되었고, 마취의가 총 3개의 수술을 동시에 진행하고 있었음을 시인하는 녹취가 공개되었다. 해당 병원은 이른바 '공장식 수술'을 진행하고 있었던 것이다. 유족은 병원 측을 업무상 과실치사 및 의료법 위반 혐의로 고소했다. 2022년 대법원은 원장에게 징역 1년 6개월, 집행유예 3년을 확정했다. 이 사건은 '수술실 CCTV 설치법' 입법 논의의 계기가 되었고, 의료 기관 내 무자격자의 대리 수술, 환자의 알 권리, 의료윤리 전반에 대해 사회적 논의를 촉발시켰다.

이에 따라 「CCTV 의무화법」은 2021년 8월 최초 발의 6년 만에 제21대 국회에서 통과되었고, 2023년 9월 25일부터 시행되었다(《한겨레》, 천호성, 2023.09.25.). 그러나 이 법에 허점이 있다. 전신마취를 하는 경우, 그리고 환자가 요청하는 경우에만 가능한 것이기 때문이다. 이마저도 경우에 따라 병원이 거부할 수 있다. 또, 환자의 나체가 녹화되는 것이라 환자 본인도 원하지 않는 경우가 있다고 한다. 이에 따라 대리 수술 처벌을 강화하거나 대리 수술을 못 하게 하는 것이 목적이라면 수술실 입구에 CCTV를 설치하는 것도 대안으로 제시되고 있다. 같은 해 11월에는 「의사면허취소법」도 시행되었다. 이로 인해 "보건의료 관계 법령 위반이 아닌 일반 형사 법규 위반으로 금고형 이상의 처벌을 받은 의료인에 대해서도 면허취소가 가능해졌다."(메디칼타임즈》, 오승준, 2023.12.18.). 우리나라 역시 의료범죄에 대해 감시 및 처벌 시스템을 강화하는 방향으로 발전하고 있다.

결론: 시스템 강화와 선의지를 통한 환자 안전 구축

찰스 컬렌과 해럴드 시프먼 사건, 그리고 한국의 대리 수술 사례는 의료 범죄가 단순히 개인의 일탈에 그치지 않고, 의료 시스템의 구조적 결함 속에서 발생한다는 것을 잘 보여준다. 병원은 범죄의 징후를 알고도 은폐하거나 방관했고, 의료인은 윤리적 책임보다 이익을 따르며, 허점을 이용했다. 그 결과 수많은 환자가 희생당했다. 이러한 사례는 환자 안전을 보장하기 위해 제도적 장치와 의료인의 윤리적 태도가 동시에 필요하다는 점을 일깨운다.

먼저, 제도적 장치의 강화가 필요하다. 환자 안전 보고 체계의 의무화, 전자의무기록을 통한 투명한 관리, 수술실 CCTV와 같은 기술적 보완책은 의료인의 고의적 범죄나 중대한 과실을 예방하고, 사건 발생 시 책임 소재를 명확히 한다. 나아가 병원 경영진과 의료 기관이 이윤보다 환자의 생명을 우선시하도록 법적·행정적 규제도 강화해야 한다. 의료인의 선의지에만 기댈 수 없기 때문이다. 그러나 의료인의 선의지(goodwill) 역시 필수적이다. 시스템은 최소한의 안전망을 제공하지만, 이를 실질적으로 작동하게 만드는 것은 의료인의 윤리적 선택이다. 찰스 컬렌 사건에서 동료 간호사 에이미 록런이 진실을 밝히려 한 용기, 또는 범죄 은폐에 협력하지 않은 의료인들의 태도는 제도만으로는 확보할 수 없는 가치였다. 환자를 단순한 '대상'이 아닌 존엄한 인간으로 대하는 태도가 있어야만 제도가 제대로 기능한다.

환자 안전은 강력한 제도적 장치와 의료인의 윤리적 실천이 맞물릴 때 비로소 확보될 수 있다. 제도는 신뢰의 기반을 제공하고, 선의지는 그 신뢰를 살아 있는 현실로 만든다. 결국 두 축이 함께할 때만 의료는 환자에게 진정한 치유의 공간이 될 수 있다.

더 생각해 볼 문제

① 〈그 남자, 좋은 간호사(The Good Nurse)〉라는 제목은 이 영화와 어울리는가? 찰스 컬렌은 좋은 간호사가 아닌데 왜 좋은 간호사라는 제목을 붙인 것일까? 시스템이 더 완벽했다면 찰스 컬렌은 좋은 간호사가 될 수 있었을까?

② 인문학자는 범죄자를 이해하기 위해 노력한다. 이 인물이 왜 범죄를 저질렀는지, 개인과 사회의 문제를 탐구하려고 한다. 그러나 의료인은 범죄자를 이해하려고 하는 순간 위험에 노출된다. 찰스 컬렌이 약한 사람이었기 때문에, 자신 안의 선의지를 발휘하지 못하고 범죄를 저질렀던 것은 아닐까, 환자가 죽는 것이 고통을 줄이는 방법이라고 생각하고 살인을 저지른 것은 아닐까, 하는 생각은 의료인 본인이 의료를 행할 때 매우 위험할 수 있다. 인문학자의 생각과 의료인의 생각이 다를 수 있는 이유를 생각해 보자.

③ 의료범죄가 더 치명적인 이유는 지식과 정보의 비대칭이 있고, 이 때문에 희생자가 의료인을 전적으로 믿고 의지하기 때문이다. 의료범죄를 당한 환자와 가족의 입장에서 생각해 보고, 의견을 나누어 보자.

더 찾아볼 작품

다큐멘터리 〈살인 간호사를 잡아라(Capturing the Killer Nurse)〉

2022년 넷플릭스에서 공개된 팀 트래버스 호킨스(Tim Travers Hawkins) 감독의 범죄 다큐멘터리이다. 미국 간호사 찰스 컬렌의 연쇄살인을 추적한 작품으로, 동료 간호사 에이미 록런의 협조로 사건이 드러나는 과정과 의료 시스템의 허점, 병원의 은폐 문제를 심층적으로 다루었다.

드라마 〈Harold Shipman: Doctor Death〉

2002년 ITV에서 방영된 로저 뱀폴드(Roger Bamford) 감독, 마이크 이튼(Michael Eaton) 각본의 TV 드라마이다. 영국 의사 해럴드 시프먼의 삶과 범죄를 극적으로 재현한 작품이다. 존경받는 가정의로 위장한 채 수백 명의 환자를 살해한 충격적인 실화를 바탕으로, 범죄와 수사의 긴장감을 드라마틱하게 묘사했다.

다큐멘터리 〈Harold Shipman: Doctor Death〉

조나단 존스(Jonathan Jones) 감독의 2018년 작품이다. 동명의 드라마와 다른 작품이다. 영국의 연쇄살인 의사 해럴드 시프먼 사건의 실제 기록과 수사관, 목격자 인터뷰를 통해 그의 범행을 조명한다. 오랜 시간 동안 은폐된 살인의 과정과 사회적 충격, 의료 제도의 한계를 사실적으로 드러냈다.

우리의 건강을 둘러싼 위험의 실제

- 영화 〈다크 워터스〉를 통해 본 환경과 건강

이 동 규

환경문제는 어느덧 먼 미래의 일이 아닌 오늘을 살아가는 모두의 관심사가 되었다. 매년 기록적인 더위와 홍수, 태풍이 반복되면서 이상기후를 체감할 수 있다. 서울 하늘을 뒤덮는 미세먼지는 호흡기 건강을 위협하며 대책 마련을 촉구한다. 해수면 상승에 따른 해안가 침식과 지반 침하 현상이 위험 수위를 넘어섰다. 플라스틱 폐기물이 쌓인 바다와 하천은 해양생태계를 파괴하며 우리 식탁에까지 영향을 준다. 공장 굴뚝에서 쏟아지는 미세먼지와 황산화물, 질소산화물은 수도권의 스모그현상을 악화시키며 시민의 호흡기 건강을 위협한다. 우리 삶을 채우는 공산품의 제조 공정 중 발생하는 중금속과 화학물질을 제대로 처리하지 않은 채 하천으로 흘려보내는 것은 생태계를 파괴할 뿐 아니라 식수를 오염시킨다. 폐기물 매립장에서 발생하는 독성 침출수는 토양을 오염시켜 농작물에까지 영향을 미친다. 기업의 무분별한 수자원 사용은 지역의 물 부족 문제를 심화시키며 갈등을 초래한다. 환경영향평가와 배출허가제도를 악용하여 법적 처벌을 피하는 사례도 계속해서 드러나고 있다. 개인이 아닌 기업은 더 빠르고 강한 힘으로 환경에 영향을 주고 있다.

영화 〈다크 워터스(Dark Waters)〉(2019)는 사회적 문제에 비상한 관심을 가지고 감각적인 연출을 추구하는 토드 헤인즈(Todd Haynes) 감독의 작품으로, 미국의 화학 기업 듀폰의 환경 파괴 행동을 고발한 영화이다. 미국의 대형 화학 기업 듀폰(DuPont)이 수십 년간 유독 화학물질 PFOA를 무단 배출해 지역 주민과 환경에 심각한 피해를 준 실화를 바탕으로 한다. PFOA는 테플론이라는 물질을 합성하여 만드는 과정에 사용되며 테플론은 '테팔(Tefal)'이라는 이름으로 알려진 냄비나 프라이팬 등의 코팅제로 사용된다. 테플론 제조 과정에 필요한 물질이기 때문에 테플론과 종종 혼돈되기는 하지만 문제를 일으키는 물질은 PFOA이며, 인간의 신체에서 분해되거나 배출되는 것이 어렵고, 기형이나 유산 등을 유발하며, 영화가 보여주고 있듯이 여러 가지 암을 비롯해 중증 질환을 유발하기도 한다. 영화에 따르면 1962년 이전에 이미 듀폰의 경영진은 테플론 제조 과정에서 사용되는 PFOA의 위험성을 알고 있었고, 그럼에도 불구하고 의도적으로 오염 물질을 무단 폐기하고, 실험 결과를 은폐했다. 기업 변호사였던 로버트 빌럿은 한 농부의 제보를 계기로 이 사건을 파헤치기 시작하며, 듀폰이 테플론 제조 과정에서 발생한 독성 물질을 은폐해 왔다는 사실을 밝혀낸다. 그는 자신의 경력과 가족, 건강까지 위협받는 상황에서도 수년간의 법정 투쟁을 이어 가며 결국 수천억 원 규모의 배상 판결을 끌어낸다. 영화 〈다크 워터스〉는 우리의 건강을 둘러싼 위험의 실제가 어떤 방식으로 존재하고, 작동하는지를 여실히 보여준다.

절실한 의뢰에 대한 변호사의 선택

로버트 빌럿(마크 러팔로 분)은 8년간의 중요한 사건을 마친 공로로 미국 태프트 법률회사의 파트너 변호사로 승진하며 전도유망한 경력을 앞두고 있었다. 그의 경력은 윌버 테넌트(빌 캠프 분)라는 이름의 한 농부가 찾아오면서 크게 바뀐다. 농부는 자신의 소들 중에서 기형적인 출산이 발생하거나 큰 고통 속에서 죽어 가는 경우가 있으며, 가족 구성원들 모두 건강 문제를 겪고 있다며 로버트에게 도움을 요청한다. 로버트가 담당하는 업무가 화학 기업을 변호하는 일이었기 때문에 처음에는 이 의뢰를 거절했으나, 의뢰인의 친구가 자신의 가족이었기 때문에 쉽게 외면하지 못하고 해당 지역을 방문하게 된다. 이 의뢰는 단순한 농장 분쟁이 아닌 화학물질 오염 문제를 파헤치는 출발점이 된다.

월버의 농장이 위치한 마을의 주민 대부분은 듀폰에서 일한다. 월버는 지하수를 사용해 농사를 짓고 소에게 물을 제공했으나, 듀폰이 쓰레기 매립지에 화학물질을 함께 매립하여 그 물을 먹은 소들이 죽거나 병들었다고 주장했다. 로버트는 농장을 방문하여 소 190마리를 잃은 월버의 농장을 목격했고, 정부의 어떤 기관도 도움을 주지 않는다는 점을 확인했다. 그럼에도 여전히 회의적인 생각을 하고 있었던 로버트는 화학 업계 사람들이 모인 파티장에서 듀폰의 사내 변호사 필을 찾아 농장과 관련해 도움을 요청하여 보고서를 얻는다. 보고서에는 농장의 관리 부실과 위생 상태를 지적한 실제 현장과는 전혀 다른 내용이 담겨 있었다. 로버트는 보고서의 다른 내용 때문에 윌버와 말다툼을 벌였고, 말다툼하던 그때 병든 소가 그들을 향해 달려들어 윌버는 달려드는 소를 향해 총을 쏠 수밖에 없었다. 하나의 현실로서 충격적인 장면을 목격한 로버트는 새로운 시선으로 주위를 둘러보게 되었다. 그때서야 농장을 둘러싸고 흰 연기를 내뿜고 있는 여러 공장지대가 눈에 들어왔다.

이후 로버트는 본인이 소속된 로펌으로 돌아와 듀폰에 대한 소송을 주장했다. 지속해서 듀폰에 관련 자료 제출을 요청하지만, 듀폰은 시간을 끌며 자료 제공을 거부했다. 계속되는 문서 요청 끝에 겨우 받아낸 문건은 PFAS 계열의 화학물질, 특히 PFOA(퍼플루오르옥탄산)의 존재를 암시하는 내부 보고서였다. 이 화학물질은 Teflon(테플론) 코팅에 사용되는 성분으로, 독성이 강하고 분해되지 않는 특성이 있다. 그러나 보고서에서는 정황을 밝히고 있을 뿐 해당 물질에 대한 설명을 제공하지 않았고, 자세한 정보를 찾을 수가 없었다.

끈질긴 노력 끝에 로버트는 듀폰이 1980년대부터 PFOA가 환경에 미치는 영향을 인지하고 있었음을 알게 된다. 회사 연구진은 실험동물에게 노출 실험을 진행해 암 발생과 생식 이상이 확인되자, 내부적으로 물질 사용 중단을 논의했지만, 경영상의 이익을 이유로 발표하지 않았다. 수많은 보고서 속에서 문건을 찾아냈고, 이 문건은 회사가 수십 년간 위험을 은폐해 왔다는 결정적인 증거였고, 로버트는 이를 근거로 공식적인 소송 절차를 시작한다. 듀폰은 전시에 개발된 PFOA 물질을 미국 가정에서 사용하는 주방 용기의 코팅제로 사용했고, 이 과정에서 나오는 폐기물을 무단으로 매립하거나, 부산 먼지를 굴뚝으로 배출했다. 오염 물질은 암을 유발하고, 임신한 여성에게는 유산 혹은 기형아 출산을 초래했다. 로버트는 이와 같은 과정을 통해 농장의 소뿐만 아니라 마을 주민들이 먹는 급수 역시 오염되었음을 알아낸다. 듀폰이 "제품의 장기적인 기능성을 위해 위험을 감수한다."고 변명함으로써 많은 사람들이 피해를 보게 된 것이다.

듀폰은 거액의 로비 자금과 법률 대리 전략을 동원해 사건을 흐리며, 지역사회의 분열을 조장한다. 로버트는 혼자 싸우는 것과 같은 외로움을 느끼지만, 정의 실현을 위해 물러서지 않기로 다짐한다. 사건이 확대되며 로버트는 환경 과학자와 의료 전문가들을 영입해 팀을 구성한다. 지하수와 토양 시료를 채취해 독성 물질 함량을 분석하고, 듀폰의 내부 자료와 대조한다. 연구 결과 PFOA 농도가 기준치의 수백 배에 이르는 곳도 발견되고, 노출된 주민들 사이에 암과 기형아 출산 비율이 유의미하게 높다는 사실이 확인된다. 로버트는 전문가 진술을 정리해 증거 목록을 구성하고, 연방 법원에 문서 제출을 강제하는 명령을 요청한다. 한편 언론을 통해 사건이 보도되며 사회적 관심이 집중되고, 로버트는 공공의 지지를 바탕으로 듀폰의 은폐 전략을 무력화시키는 데 성공한다.

법적 절차가 길어지면서 듀폰은 로버트 개인에게 집중적인 압박을 가한다. 사건을 취재한 기자들에게 그의 가족에 대한 사생활 침해 정보가 전달되고, 보험사와 금융기관으로부터 압력을 받는 등 생활 전반이 흔들린다. 로버트의 아내와 아이들은 아버지의 싸움이 가져온 위협에 불안해하며, 가족 사이에 갈등이 싹튼다. 로버트 자신도 밤낮없이 자료를 검토하고 법적 대책을 세우느라 건강이 악화되어 사무실에서 쓰러지기에 이른다. 그럼에도 그는 진실을 밝히고자 하는 신념으로 포기하지 않는다. 이 과정에서 영화가 전하는 개인적 희생과 사회정의 실현의 메시지가 극적으로 그려진다.

수백 명의 주민들이 로버트의 소송에 합류하며 사건은 개인 대 기업의 싸움에서 지역사회 전체의 생존권을 건 집단소송으로 확대된다. 로버트는 집단소송을 제기하기 위해 로펌을 설득했고, 집단소송 전문가의 도움까지 받아 소송을 진행한다. 로버트는 복수의 피해자 증언을 취합하고, 인근 지역에 사는 노인·아이·노동자 등 다양한 계층의 목소리를 법정에서 대변한다. 듀폰 측은 과학적 논란을 제기하며 인과관계를 부정하려 하지만, 로버트의 팀은 거듭된 실험 결과와 의학적 연구를 통해 물질 노출이 직접적 원인임을 입증해 나간다. 이 과정에서 사회적 여론이 압도적으로 로버트에게 우호적으로 기울고, 듀폰은 더 이상 방어 논리를 유지하기 어려워진다. 이제 전 세계가 PFOA에 주목하여 여러 국가에서 관심을 가지게 된다.

윌버가 로버트를 찾아온 지 6년 만에 듀폰의 경영자를 만나 청취를 하게 된다. 결국 환경보호국은 듀폰에 책임을 물어 1,650만 달러의 과징금을 제시했지만, 이는 듀폰이 테플론을 통해 10억 달러 이상의 수익을 얻는 것에 비하면 너무나도 적은 비용이었다.

역사적 판결의 의의

듀폰은 결국 피해자들과 합의에 나섰고, 독립적인 연구 집단을 구성하여 최대 2억 3천만 달러를 보상받기 위해서는 PFOA와 질병 간의 과학적인 연관성을 증명해야 한다는 조건을 건다. 2005년 해당 화학물이 인체에 미치는 영향을 증명하기 위해 6만 9천 명의 혈액 샘플을 채취한다. 그러나 이 혈액검사 결과는 7년이 지나도 나오지 않으면서 끝없는 기다림 속에서 로버트와 피해자들에게 어려움을 준다. 영화에서는 불과 몇 분 만에 지나가 버리는 몇 년 간의 시간이 당사자들에게는 매우 힘들고 어려운 시간이었음을 짐작할 수 있다.

결국 지속적인 화학물 노출과 최소한 여섯 가지 종류의 중증 질병의 연관성을 알아냈다는 결과를 받게 된다. 로버트가 자료들을 검토하면서 알아냈다고 생각했던 사실이 과학적으로 증명이 된 것이었다. 그러나 듀폰은 모든 합의를 철회하고, 싸움은 법정으로 가게 된다. 세 번의 재판을 통해 듀폰은 패배하게 되고, 2017년 3,535건에 대해서 듀폰은 피해자들에게 약 6천7백만 달러의 배상금을 지급했다. 이는 PFOA 오염 집단소송 역사상 최대 규모의 배상액이었다. 그러나 배상 이후에도 듀폰은 항소를 통해 손해액을 줄이려 시도하고, 규제 기관은 여전히 PFOA 계열 물질을 전면 금지하지 못하고 제한적으로 관리하는 데 그친다. 배상금이 지급된 피해자들 중 상당수는 이미 치료 시기를 놓쳐 건강을 회복하지 못했고, 미처 합류하지 못한 또 다른 피해자들은 다음 싸움을 준비한다.

〈다크 워터스〉에서는 PFOA 오염이 전 세계적으로 확산 중이라는 사실을 전달하며 인류의 99%가 이미 오염되어 있다고 주장한다. 결국 영화 속 로버트의 사례는 국가와 기업의 책임 문제를 전 지구적 이슈로 확장하며,

관객에게 일회성이 아닌 지속적인 관심과 행동을 요청한다. 기업의 도덕적 무책임에서 비롯된 환경 파괴가 개인과 사회, 그리고 나아가 전 지구에 위협이 됨을 상기한다.

화학 기업의 충격적 진실

듀폰은 세계 최대 화학 기업으로 알려져 있고, 미국 델라웨어주를 기반으로 하고 있다. 델라웨어주는 소비세가 없는 몇 개 주 가운데 하나인데, 부족한 세수를 듀폰이 모두 부담한다고 알려져 있을 정도로 듀폰의 수익 규모는 천문학적이다. 잘 알려진 테플론을 비롯하여 나일론·고어텍스·케블라 등의 소재를 생산하며, 최근에는 농업 부문에서도 큰 수익을 내고 있다. 듀폰이 여타의 기업과 다른 점은 소재 기업의 특성으로 인해 다양한 산업의 근간이 되는 기초 재료를 생산한다는 것이다. 고도의 기술력을 보유하고 있으며, 중간재를 생산하기 때문에 이를 가공하는 산업 전반에 큰 연관 효과를 준다. 나아가, 듀폰의 파급력을 산업뿐만 아니라 소재의 기반이 되는 환경과 생태까지 막대한 영향력을 끼친다고 할 수 있다.

영화는 로버트라는 기업 담당 변호사가 할머니의 지인이 가지고 온 사례를 통해 PFOA와 C8 화학물질과 관련된 듀폰의 부패와 방만을 고발하는 지난한 과정을 보여준다. 실제로 PFOA는 듀폰이 개발한 화학물질이며, 이것이 의미하는 바는 PFOA를 듀폰만이 유일하게 만들었기 때문에 정부나 시민단체가 그 유해성을 알 수 없다는 것이다. 그리고 또한 물질에 대한 규제

환경 오염으로 인해 농부는 가족, 친지,
그리고 모든 생활의 터전을 잃었다.
폐사한 190마리의 소를 묻은 매립지는
그 일부분일 뿐이다.

를 효과적으로 진행하기 어렵다는 점을 의미하기도 한다. C8 화학물질을 검사한 연구단을 이끈 대표자가 법정에 나와서 밝힌 바에 따르면, 그 연구단의 구성에는 환경보호국 공무원, 과학협회 회원, 그리고 이해 당사자로서 듀폰이 포함되어 있었다고 한다. 즉, 화학물질을 만든 기업이 안전 기준치를 정하는 데 관여하고, 규제에도 관여한다. 역설적으로 실험실에서 만들어진 새로운 물질에 대한 규제를 위한 전문 지식은 실험실에서 그 물질을 만든 사람들이 보유하고 있기 때문이다.

PFOA와 C8을 생산하는 과정에서 공장 노동자들에게 백혈병·유산·불임 등의 문제가 발생했고, 공장 주변의 폐기물 매립지 근처 거주자들에게는 암이 발병하고 기형아 출산 등이 나타났다. 듀폰이 개발한 화학물질은 신장암·갑상선·대장암 등을 비롯한 중증 질환에 영향을 주었다. 그런데 듀폰은 화학물질을 만들고 생산하는 기업이기 때문에 이 같은 결과를 여러 실험과 테스트로 이미 인지하고 있었다. 그러나 자신들만의 고유한 지식으로 화학물을 독점하고 있었기 때문에 정부나 사회에 알리지 않고 생산을 계속할 수 있었다. 이렇게 연구실과 실험실에서 고도로 발전된 형태의 의료 기술, 화학물질, 그리고 과학 지식이 기업의 영리 활동과 결합할 때 기술에 대한 고유한 지식을 기업이 독점적으로 사용하기 때문에 해당 기술이 가지고 있는 위험성은 통제되기 어렵고, 피해가 발생했을 때도 이를 밝혀내기 어렵다. 영화에서는 이에 대한 대안으로 변호사 혹은 지식인을 비롯한 개인의 헌신이나 대중의 집단적인 노력을 그리고 있지만, 현실에서 이러한 방식이 얼마나 유용할지는 의문스럽다. 영화 끝에서는 광범위한 역학조사로 C8과 유관 질병과의 관련성을 증명했지만, 듀폰은 기존의 합의서를 거부하고 청구를 모두 법원의 결정에 맡겨 버린다. 그리고 영화는 법원 판결을 위해 오랜 기간의 소송에 들어가는 것을 그리고 있다. 그리고 예상되는 오랜 시간동안 로버트 빌럿 변호사는 여전히 그 자리에 있을 것이라는 점을 암시한다. 결국 세 번에 걸친 재판이 있었고, 듀폰은 6억 7070만 달러를 배상할 것을 합의한다. 그럼에도 PFOA는 금지되지 않았고, 기타 600여 개의 영구 화학물(forever chemicals)이 조사되지 않거나 규제되지 않은 상태로 남아 있다.

영화의 사건은 크게 먼 사건만이 아니다. 한국 사회에서도 환경과 건강을 위협하는 여러 사건이 발생해 왔다. 대표적인 사례로서 가습기 살균제 사건의 경우 안전성 검증 없이 살균제가 판매되었고, 그로 인해 수많은 피해자와 사망자를 발생했다. 특히 임산부, 영아, 주부 등 취약계층이 큰 피해를 보게 되었다. 기업은 원료 물질의 독성을 이미 알고 있었음에도 이를 은폐하거나 축소하고, 관리 주체는 책임을 회피했기 때문에 생긴 사건이었다. 이 사건은 생활 속 편리함을 위해 도입된 화학물질이 얼마나 치명적인 결과를 초래할 수 있는지를 보여주는 사례이며, 기업의 책임 회피와 정부의 관리 부재가 결합할 때 피해가 사회 전반으로 확산된다는 사실을 여실히 드러냈다. 또 다른 사례는 군 사격장과 산업 현장의 납·중금속 검출 논란이다. 군 사격장에서는 토양오염 우려 기준치를 초과하는 납 성분이 검출되었고, 구리 역시 기준치의 크게 초과했다. 이로인해 장병과 인근 주민들의 건강을 심각하게 위협하는 요소가 되었다. 더 큰 문제는 이러한 오염이 수년간 방치되었고, 현재 운영 중인 사격장에 대해서도 정기적 조사와 정화 조치가 미흡하다는 점이다. 특정 지역 주민과 군인들이 환경 위험에 불평등하게 노출되고 있음을 보여주며, 환경 정의의 문제로 확장된다.

이 두 사건은 환경윤리적 성찰을 요구한다. 기업과 국가가 경제적 이익 혹은 안보 논리를 앞세워 환경과 건강의 위험을 은폐하거나 방치할 때, 피해는 사회적 약자에게 집중된다. 또한 이러한 사건들은 사후 노력과 처벌만으로는 충분하지 않음을 보여준다. 이미 건강을 잃은 피해자들에게 금전적 배상은 충분하지 못하며, 오히려 사회적 불신과 분노를 증폭시킨다. 따라서 환경윤리적 관점에서 중요한 것은 예방적 규제와 투명한 정보 공개이다. 기업은 제품 개발 단계에서부터 안전성을 철저히 검증하고, 위험 가능성을 사회와 공유해야 하며, 국가는 이를 강제할 제도적 장치를 마련해야 한다. 더 나아가 시민사회는 전문적인 지식을 취득하고 이를 바탕으로 감시자로서 기업과 국가의 책임을 묻는 역할을 수행해야 한다.

결국 환경윤리는 단순히 환경을 지키는 도덕적 당위가 아니라, 삶의 권리와 사회 정의를 지키는 실천적 과제이다. 가습기 살균제 사건과 납 오염 논란은 우리에게 '편리함과 효율성'이라는 이름으로 감춰진 위험을 직시할 것을 요구한다. 이는 개인의 소비 습관에서부터 정부의 정책, 기업의 경영 전략에 이르기까지 사회 전반의 구조적 변화를 촉구한다. 환경윤리적 성찰은 곧 "지속 가능한 삶의 조건을 어떻게 마련할 것인가"라는 질문으로 이어지며, 이는 단발적 대응이 아니라 장기적 돌봄과 공동체적 연대를 통해서만 실현될 수 있다.

고통 청취자로서의 공동체

로버트 빌럿 변호사는 대형 화학 기업 듀폰을 주로 대변하던 기업 방어 전문 변호사였다. 어느 날 윌버 테넌트의 간절한 전화를 받고 법정에서 방어와 옹호 사이의 경계에 서게 된다. 의료인문학의 시각에서는 이 순간이 전문가의 역할 전환을 알리는 윤리적 분기점이다. 그는 단순한 법률 서비스 제공자가 아니라, 잠재적 환자와 공동체의 목소리를 듣고 공감하는 '타인의 고통 청취자'로서 자기 자리를 재정립하기 시작한다. 로버트가 현장을 방문했을 때, 소들이 죽어 가는 광경은 단지 농업 손실이 아니라 생명의 붕괴로 다가온다. 그리고 그러한 생명의 붕괴는 병든 소가 자신을 향해 달려들 때 실재하는 위협임을 인식하게 된다. 여기서 의료인문학은 과학적 진단 이전에 환자와 목격자의 서사를 중시하며, 고통받는 이들의 목소리를 기록하고 증언자로 세우는 일의 중요성을 강조한다.

뒤이어 로버트는 듀폰 내부 문서 속에서 PFOA의 유해성이 1950년대부터 은폐되어 온 정황이 무수히 기록되어 있다는 사실을 발견한다. 의료윤리의 관점에서 이는 '알 권리'와 '정보 제공 의무'가 고의로 무시된 사례로, 환자에게 의학 정보를 은폐하는 것이 얼마나 심각한 해악을 초래하는지를 경고한다. 집단소송에서 시작해, 지역 주민 개개인을 대리하는 개인 소송으로 확장될수록 법률과 의학은 '환자 옹호'라는 공동 목표를 향해 수렴된다. 결국은 환자의 목소리가 법정 기록으로 남을 때 비로소 의료 정의가 실현될 수 있음을 보여준다.

독립 연구진이 수행한 대규모 역학조사는 PFOA 노출과 신장암·고환암·갑상선 장애·면역계 이상 사이의 유의미한 상관관계를 밝혀낸다. 로버트는 EPA(환경보호국, Environmental Protection Agency)와 협력해 공식 조사를 끌어낸다. 우리 주변을 둘러싼 위험을 드러내는 것은 쉽지 않은 일이었다. 특히 로버트 자신과 가족도 이 싸움 속에서 극심한 정신적·신체적 부담을 겪는다. 수면 부족·만성 스트레스·가족 간 갈등도 겪게 된다.

합의금 6억 8000만 달러, 3만 건 이상의 개인 손해배상, 평생 건강 모니터링 프로그램 설립이 결정되지만, 오염된 토양과 물속 화학물질은 여전히 사람들의 몸속에 남아 있다. 의료인문학은 여기서 '사후 재난 관리'와 '장기적 회복'의 중요성을 조명하며, 단발성 제재가 아닌 지속적 돌봄 체계 구축을 촉구한다. 〈다크 워터스〉에서 여러 장면이 이러한 부분을 시사한다. 주유소에서 만난 피해자, 곧 죽을 상황에서 로버트에게 힘을 준 농부 윌버, 그리고 로버트의 아내가 이러한 체계의 일부를 구축한다. 영화의 마지막 장면에서 주민들은 여전히 체내 PFOA 농도를 검사하며 불안과 희망 사이를 오간다. 로버트는 법정 밖에서도 여전히 싸움을 이어 가며, 환자·시민·전문가가 협력해 건강 정의를 수립해 나가는 공동체적 실천을 강조한다. 〈다크 워터스〉는 의료윤리·환경 보건·사회정의를 아우르는 서사로, 우리가 모두 삶의 권리와 공공선을 위해 끊임없이 목소리를 내야 함을 일깨운다.

에필로그

〈다크 워터스〉는 단순한 환경 고발 영화가 아니라, 우리가 살아가는 사회의 윤리적 기반을 되묻는 강력한 메시지를 던지는 영화이다. 로버트의 집요한 싸움은 정의를 지키는 행위가 얼마나 고독한지, 그리고 그것이 본인과 본인 가족에게까지 영향을 주는 얼마나 지난한 여정인지를 보여주며, 동시에 한 사람의 용기가 거대한 구조를 흔들 수 있음을 그린다. 이 영화를 통해 우리는 기업의 책임, 시민의 권리, 그리고 진실을 밝히는 데 따르는 대가에 대해 깊이 성찰하게 된다. 결국 〈다크 워터스〉는 우리가 모두 지켜야 할 가치가 무엇인지 묻고, 그 가치를 위한 성찰과 노력이 무엇인지를 생각해 보는 계기를 제공한다.

우리가 마지막으로 되짚어 봐야 할 문제는 기업의 환경오염 책임을 어떻게 공정하게 감시할 것인가이다. 환경오염에 따른 피해가 고스란히 지역사회와 노동자에게 전가되는 부조리를 바로잡아야 한다. 또한 글로벌 공급망의 다단계 하청 구조 속에서 환경 기준 위반이 은폐되는 문제를 해결해야 한다. 기업이 수익 극대화를 위해 선택하는 비용 절감 방식이 결국 환경 훼손으로 이어진다는 점을 인식해야 한다. 투자자와 소비자, 정부 모두가 기업의 환경 성과를 투명하게 평가하고 압박할 수 있는 체계를 구축해야 한다. 폐기물 발생부터 제품 수명 종료 후 재활용까지 전 과정에 걸쳐 기업에 책임을 물을 수 있어야 할 것이다. 기업의 행동 변화를 견인할 수 있는 시민사회와 노동조합, 지자체의 연대가 요구된다. 영화 〈다크 워터스〉가 제기하는 것과 같은 종류의 문제를 방치한다면, 이 문제는 단순한 환경오염 문제를 넘어 사회적 불평등과 경제적 불안정 문제로까지 이어질 것이다.

덧붙여, 영화에서 주인공이 몸을 담고 있는 법률회사는 태프트 법률회사이다. 산업계에서 명망이 있는 법률회사며 주로 기업의 견해를 대변한다고 알려져 있다. 영화는 초반에 변호사들이 점심을 먹으러 가며 나누는 대화를 통해, 태프트 법률회사가 「태프트-하틀리법」 제정에 일조한 기업 친화 법률회사라는 설명을 제공한다. 1947년에 제정된 「태프트-하틀리법」은 미국의 노동사에서 매우 중요한 법안으로 노동조합의 활동과 단결권을 제한할 수 있는 노사 관계법이다. 국가 경제 혹은 안보에 위협이 되는 경우, 대통령이 법원의 명령을 받아 파업을 중단하고 직장에 복귀시키며 최종 타협안을 유도하는 법안이다. 대표적인 친기업 법안이며 미국의 노동사에서 노동조합이 크게 변모하는 계기이기도 했다. 태프트라는 법률회사가 태플론 사건에 깊게 관여하게 된 점도 흥미로운 부분이다.

더 생각해 볼 문제

① 기업의 이익과 환경의 보호라는 문제는 언제나 상충하는 문제인가? 인간과 사회는 이를 절충할 수 있는 방법을 찾을 수 없을까? 이 과정에서 국가의 역할은 무엇이고, 국가가 문제를 해결할 가능성을 가지고 있을지 생각해 보자.

② 환경문제는 우리 모두의 문제이지만, 모두의 문제라는 바로 그 이유로 인해 우리가 일상의 삶에서 구체적으로 실감하기 어렵다. 이러한 부분을 개선하고 환경문제에 모두가 관심을 가질 수 있도록 할 수 있는 방법에 대해서 생각해 보자.

③ 과학적 정보가 전문가, 국가, 기업에 의해서 은폐될 때 우리가 할 수 있는 일은 무엇인지, 혹은 그 은폐를 막기 위해 우리가 개인적으로나 사회적으로 취할 수 있는 방법은 무엇인지 생각해 보자.

더 찾아볼 작품

영화 〈에린 브로코비치(Erin Brockovich)〉
스티븐 소더버그 감독의 2000년 작품이다. 줄리아 로버츠 주연의 영화로 캘리포니아주 에너지 기업인 PG&E를 상대로 법정 소송을 성공적으로 이끈 에린 브로코비치의 실화를 그렸다. 뚜렷한 교육을 받지 않았고, 이혼 경력까지 있는 여성이 대기업 PG&E 공장에서 유출되는 크롬 성분이 마을 사람들을 병들게 했음을 밝히고, 거대 기업과 싸우는 것을 그린다.

영화 〈인사이더(The Insider)〉
마이클 만 감독의 1999년 작품이다. 알 파치노와 러셀 크로우 주연의 영화로, 미국 3대 담배 회사 중 하나인 브라운 & 윌리엄슨과 담배의 무해성을 두고 싸우는 언론인과 내부 고발자의 이야기를 다룬다.

영화 〈시빌 액션(A Civil Action)〉
스티븐 제일리언 감독의 1998년 작품이다. 존 트라볼타 주연의 영화로, 매사추세츠주 우번에 위치한 기업의 태만으로 트라이클로로에틸렌이 지하수로 유입되면서 소아 백혈병 환자가 대량으로 발생한다. 보스턴 출신의 상해 전문 변호사가 기업을 상대로 집단소송을 진행한 이야기를 다룬다.

질병, 사회, 윤리, 그리고 신뢰의 교차점
―영화 〈컨테이젼〉과 팬데믹

최 성 운

질병과 사회를 동시에 그리다

영화 〈컨테이젼〉은 가상의 바이러스 'MEV-1'로 인한 팬데믹을 인류가 맞닥뜨렸을 때, 사회와 개인, 정치와 과학에서 어떤 방식으로 붕괴와 반응의 메커니즘이 작동하는지를 사실적으로 묘사한 작품이다. 이 영화는 또한 팬데믹의 근본적인 원인이 무엇인지까지 탐구하면서, 단순한 재난 영화의 범주를 넘어선다.

2011년 개봉 당시에는 평범한 재난 영화로 받아들여졌지만, COVID-19를 거치며 전 세계적으로 다시 큰 주목을 받게 되었다. 이는 사람들이 직접 경험하거나 뉴스 등을 통해 인식하게 된 팬데믹의 현실과 영화가 그려 낸 세계 사이에서 놀라운 유사성을 발견했기 때문이다.

이러한 유사성은 스티븐 소더버그 감독과 스콧 Z. 번즈 작가를 비롯한 제작진이 팬데믹을 두 가지 관점, 즉 '질병 그 자체'와 그것을 둘러싼 '사회적 해석'이라는 측면에서 동시에 다루고자 했기 때문에 가능했다. 제작진은 WHO(세계보건기구)와 미국 CDC(질병통제예방센터), 감염병학의 세계적 석학, 언론 및 위기 커뮤니케이션 전문가들에게 자문을 구하며 철저한 조사와 연구를 진행했다.

영화 속 슈퍼 전파자 베스 엠호프(기네스 팰트로 분)가 보여주는 두통, 구토, 발열 등의 증상은 1998~1999년 말레이시아 니파 마을에서 발생한 니파 바이러스(Nipah virus, NiV)의 사례와 유사하다. 양자는 박쥐에서 돼지로, 돼지에서 인간으로 전염되는 인수공통감염병이라는 점에서도 동일하다. 영화가 다소 과장된 부분은 있었지만, 묘사 자체는 충분히 현실성을 띠고 있다.

〈컨테이젼〉은 단순히 질병을 소재로 다룬 다른 영화들과 달리, 질병이 파괴하는 개체로서의 생명에만 주목하지 않았다. 그것을 넘어 사회의 구조와 작동 방식, 그리고 개별 인간의 선택이 어떻게 맞물려 변화와 균열을 만들어 내는지도 중점적으로 조명했다.

작가 스콧 번즈는 "우리가 〈컨테이젼〉에서 기존 바이러스 영화들과 다르게 하고 싶었던 건, 피해자 자체를 넘어서서 질병이 미치는 다른 영향들을 깊이 다루는 것이었어요. 정부는 어떻게 대응할까? 사회는 어떻게 될까? 이런 바이러스를 통제하는 데 실제로 얼마나 시간이 걸릴까?"라고 밝혔다. 그는 또한 "우리는 이 영화가 단순히 질병 자체만을 다루어서는 안 된다는 것을 알고 있었습니다. 이 영화는 질병이 일반 대중에 의해 어떻게 해석되는가에 관한 것이기도 합니다."(Barton, 2011)라고 덧붙였다.

이 영화는 수많은 등장인물의 이야기가 교차하는 다층적 서사 구조를 가진 하이퍼링크 시네마(Hyperlink cinema) 형식을 띤다. 등장인물들은 크게 질병 자체를 다루는 집단과 질병을 해석하는 집단으로 나뉜다. 전자에는

WHO(세계보건기구)와 각국 질병통제센터 관계자, 최전선에서 고군분투하는 의사들이 포함되며, 후자에는 선진국 시민과 일상의 희생자들, 그리고 가짜 뉴스를 퍼뜨리는 인터넷 언론 등이 해당된다.

이를 위해 영화는 기네스 팰트로, 맷 데이먼, 로렌스 피시번, 주드 로, 마리옹 코티아르, 케이트 윈슬렛 등 다수의 유명 배우들이 참여하는 앙상블 캐스팅을 택했다. 서로 다른 위치에 놓인 수많은 인물들은 죽음의 위협과 사회질서의 붕괴에 맞닥뜨리면서, 때로는 생존을 위해 이기적인 선택을 하고, 때로는 공동체를 지키기 위해 이타적인 선택을 한다. 이러한 선택들은 기존 규칙을 무너뜨리거나 변칙적으로 적용하는 방식으로 드러나며, 그 과정에서 사회 전반의 질서를 뒤흔드는 연쇄적 변화를 낳는다.

이 과정은 영화 속 날짜별 사건 전개를 통해 한층 분명하게 드러난다. 영화는 홍콩 출장길에 오른 한 미국인 여성의 불륜 이야기로부터 시작한다. 다국적기업의 직원인 그녀는 현지에서 감염되어 슈퍼 전파자가 되고, 귀국 직후 사망한다. 그러나 이미 홍콩, 시카고, 미니애폴리스 등지에서 스쳐 지나간 접촉자들과 물건들을 통해 바이러스는 세계적으로 확산되기 시작한다.

이후 영화는 백신 개발과 보급 과정을 통해 재난이 수습되기까지의 여정을 보여준다. 하지만 단순히 전염병의 발병과 해결만이 아니라, 그 속에서 드러나는 인간의 두려움, 사회적 균열, 정치적 갈등, 정보의 왜곡과 위험성까지 다층적으로 드러내며 깊은 사유를 요구한다. 이어지는 절에서는 전체적인 영화의 줄거리를 정리하고, 의료 자원 분배라는 윤리적 문제를 비롯해 의료인문학적으로 중요한 쟁점들을 살펴보고자 한다.

주요 등장인물을 통해 펼쳐지는 〈컨테이젼〉의 세계

영화는 어두운 화면 속 기침 소리로 시작된다. 주인공 베스 엠호프(기네스 팰트로 분)는 홍콩 출장을 마치고 귀국 중이었고, 일상 속 접촉이 곧 치명적 감염의 고리가 된다. 귀가 후 두통과 발열 끝에 사망하고, 아들마저 같은 증세로 급사한다. 남편 미치 엠호프(맷 데이먼 분)는 면역 체질이었기에 살아남아 상징적 생존자로 남는다.

베스를 매개로 바이러스는 항공권·음식·악수 등 사소한 접촉을 통해 홍콩·마카오·런던·시카고 등 국제도시로 확산된다. 치사율이 20~25%에 달하는 짧은 잠복기의 바이러스는 기침과 발열에서 급격한 사망으로 이어지며, 의료진은 속수무책으로 무너진다.

미국 CDC는 역학조사관 에린 미어스(케이트 윈슬렛 분)를 투입하여 감염 경로를 추적하지만, 과로와 접촉으로 인해 결국 그녀 역시 감염된다. 그녀가 환자와 접촉하며 보여준 헌신적 행동은 팬데믹 상황에서 의료진이 직면하는 위험과 윤리적 갈등을 상징한다.

CDC 국장 앨리스 치버(로렌스 피시번 분)는 위기 초반부터 바이러스의 심각성을 알고 있었지만, 대중에게 모든 사실을 곧바로 알리면 사회가 혼란에 빠질 것을 우려해 정보를 제한한다. 동시에 그는 가족 보호라는 개인적 본능에 따라 일부 조치를 취하며, 공적 책임과 개인적 본능 사이의 윤리적

딜레마를 드러낸다.

WHO의 레오노라 오란테스 박사(마리옹 코티아르 분)는 홍콩에서 발원지를 추적하고, 중국 농촌 출신 순펑 박사와 함께 조사한다. 순펑 박사는 희소한 의료 자원 배분의 국제적 불평등 문제를 제기하며 오란테스를 납치하는데, 이를 통해 팬데믹이 과학적 문제뿐 아니라 국제정치와 불평등 구조와 얽혀 있음을 보여준다.

정보와 루머의 전파 또한 중요한 축이다. 블로거 앨런 크럼위디(주드 로 분)는 음모론과 대체의학 약물을 유포하여 대중을 선동하며, 사재기와 폭동을 촉발한다. 영화는 잘못된 정보가 전염병보다 빠르게 확산될 수 있다는 점을 강조한다.

미국 사회는 붕괴한다. 폭력과 약탈, 식량 쟁탈전이 일상화되고, 사람들은 서로를 경계한다. 면역자인 미치조차 생존을 위해 이웃집을 무단 침입하는 모습은, 재난 속에서 개인이 자신과 가족의 생존을 우선하는 본능적 선택을 드러낸다.

결국 과학자들의 노력으로 백신이 개발된다. 엘리 헥스텔(제니퍼 엘 분)은 스스로 임상 시험을 수행해 효과를 입증하고, 생산량 부족으로 정부는 무작위 추첨을 통해 접종 순서를 정한다. 이 장면은 백신이 단순한 과학적 성취를 넘어, 사회적 자원으로서 공정성과 분배 문제를 제기함을 보여준다.

영화의 마지막은 팬데믹의 발생 원인을 보여주는 장면으로 귀결된다. 다국적기업의 열대우림 벌목으로 박쥐가 서식지를 잃고 양돈장으로 이동하여, 돼지를 통해 인간에게 전염되는 과정은 환경 파괴가 새로운 전염병을 유발한다는 경고를 담고 있다.

〈컨테이젼〉은 단순히 전염병의 발생과 해결을 그리지 않는다. 개인의 생존 본능·전문가의 헌신·지도자의 윤리·의료자원의 분배 및 국제적 불평등·정보 왜곡 등 다양한 서사를 교차시키며, 팬데믹을 정치적·사회적·윤리적 시험대로 확장시키는 작품이다.

영화와 현실이 던지는 의료 자원 분배의 질문, "누구를 먼저 구할 것인가?"

이 영화에서 가장 이상하게 느껴지는 설정은 추첨을 통해 백신 접종 순서를 정하는 방식이다. 전 세계적으로 백신 생산량이 절대적으로 부족한 상황에서, 미국 정부는 취약성이나 위험성, 중요성, 윤리적 기준에 의해서가 아니라 추첨을 통해 뽑힌 생일날짜 순서대로 같은 생일을 가진 사람들에게 일괄적으로 백신을 배분한다.

〈컨테이젼〉이 COVID-19 당시 다시 주목을 받게 된 것은 이 영화가 마치 COVID-19의 예언서와 비슷하다는 느낌을 받을 정도로 현실감 있게 묘사했기 때문이다. 전염병의 발병 원인으로부터 시작해 그것이 사회에 미치는 영향에 대한 생생한 묘사와 대비되어, 영화 속에서 제시된 백신 배분 방식은 '옥의 티'처럼 느껴진다. 실제로도 '추첨' 방식은 감염 확산 억제나 사회 기능 유지 측면에서 효율성이 거의 없어서, 이를 정책으로 채택하는 나라는 찾아볼 수 없다.

그렇다면 왜 〈컨테이젼〉에서는 이러한 추첨 방식을 택했을까? 김준혁(2020)이 제시한 의료 자원 분배 이론의 주요 원칙을 살펴보면, 영화와 COVID-19 팬데믹 시기 현실에서 국가들이 고려할 수 있었던 백신 접종 정책 기준을 이해하는 데 도움이 된다. 그가 제시한 원칙 중 〈컨테이젼〉과 COVID-19 시기 주요 국가들의 백신 접종 정책의 기준과 관련된 네 가지는 다음과 같이 정리된다.

① 평등주의: 모든 사람에게 동일한 기회를 주는 것으로, 〈컨테이젼〉의 무작위 추첨이 대표적이다.
② 공리주의: '최대 다수의 최대 행복'을 의료적으로 해석한 것이다. 그 기준을 '최대한의 생명'으로 둘 수도 있고, '최대한의 생존 연수'로 둘 수도 있다. 예컨대, 젊은 층에게 우선순위를 둘 경우 '생존 연수'를 극대화하는 접근이다.
③ 약자우선주의: 고령자나 기저질환자 등 위험이 높은 집단을 우선 보호하는 원칙이다. 공리주의의 '최대한의 생명' 전략과 실천적으로 거의 일치한다.
④ 공동체주의: 개인의 도구적 가치, 즉 사회적 역할과 기능을 기준으로 배분하는 입장이다. 의료진·필수 노동자를 먼저 접종하는 정책이 여기에 속한다.

이 분류에 의하면 〈컨테이젼〉의 추첨 방식은 전형적인 평등주의적 접근으로 이해할 수 있다. 평등주의는 정의를 실현하는 데, 모든 사람을 동일하게 취급하는 가장 직관적이고 단순한 방식이다. 그러나 위기 상황에서 사회적·의학적 필요, 즉 의료 시스템 유지나 감염 억제와 같은 고려는 부족하다.

〈컨테이젼〉의 평등주의적 무작위 추첨 방식은 영화의 세계관 내에서 일정한 합리성을 가진다. 최성민은 영화 속의 바이러스가 누구에게나 공평하게 똑같이 위협적이라는 상황에서만 이런 추첨 방식이 대안으로 거론될 수 있을 것이라 평가한다(최성민, 2021; 30-31쪽).

컨테이젼에 등장하는 MEV-1 바이러스는 치사율이 20~25%에 달하며, 연령과 기저질환 여부와 무관하게 모든 집단에서 치명적이다. 또한 바이러스의 변이 속도가 빠르고 치료제가 없는데다가, 의료 체계 자체는 이미 붕괴되었다. '고위험군'이나 '저위험군'의 구분이 거의 무의미한 것처럼 보이고, 이미 붕괴한 의료 체계 자체 때문에 보건의료 관계자를 우선해야 할 필요성도 의문시되는 것이다.

이런 상황에서라면 특정 집단을 우선하는 실익이 크지 않아 보인다. 이와 같은 세계관적 설정은 모든 이가 바이러스 앞에서 평등하게 취약하다는 점에서 다른 분배 기준을 적용하기 힘들 것으로 여겨진다.

반면에 COVID-19 시기의 한국을 비롯한 다수 국가들은 훨씬 복잡한 기준을 조합한 백신 접종 정책을 세웠다. 고령자와 기저질환자를 먼저 보호해 사망을 줄인 것은 공리주의(최대한의 생명 확보)와 약자우선주의의 결합이다. 한국 정부가 요양병원이나 요양원 같은 시설에 접촉면회를 금지하는 지침을 내리고, 2021년 2월말부터 시작된 1단계 접종 당시 요양병원·시설의 만 65세 미만 입원·입소자 및 종사자에게 우선적으로 백신접종을 시행한 것이 이에 해당된다.

또한 2021년 3월부터 의료진·필수 노동자를 우선 접종해 사회 기능을 유지한 것은 공동체주의(도구적 가치, 사회적 유용성의 우선)에 해당한다. 2020년 12월에 정부가 발표한 「코로나19 대응을 위한 필수노동자 보호·지원 대책」은 "국민의 생명과 신체를 보호하고, 취약계층을 지원하는 보건의료·돌봄서비스 종사자, 사회기능 유지를 위한 택배·배달, 환경미화 종사자 등"을 필수노동자로 지정하였다. 대표적으로 "국민 생명·안전의 보호와 사회기능유지를 위한 필수업무"에 종사하며 대면접촉이나 좁은 공간에 밀집되어 노동하는 이들이 해당되는데, 2020년 3월의 구로 콜센터나 5월의 부천 물류센터 집단감염 같은 사태가 발생하는 것을 방지하기 위해 이들에게 백신 우선 접종 정책을 시행했던 것이다.

 이를 통해 단순한 추첨보다 훨씬 다층적인 윤리적 고려를 함으로써 한국사회는 더 많은 생명을 살리고 사회 안정성을 확보할 수 있었다. 이런 방식에 익숙한 대다수 영화 관람자들의 입장에서, 〈컨테이젼〉의 백신 추첨은 이상하게 여겨졌던 것이다.

 이렇게 보면 〈컨테이젼〉의 선택은 죽음 앞에 모든 사람을 가장 평등하게 만드는 바이러스를 설정해 놓고 철저히 '급진적 평등'의 모델을 관객 앞에 던져 준 것이다. 반면 COVID-19 바이러스가 고령층에서 치명적이었던 점에서 쉽게 떠올릴 수 있듯이, COVID-19 팬데믹 당시 바이러스로 인한 연령별 치명률 차이가 매우 컸다. 또한 대구 코로나19 초기 상황에서 상징적으로 드러나듯이, 한국사회 역시 의료 체계가 붕괴의 위험에 직면했지만 그래도 아직 작동할 수 있는 여력이 남아 있었다. 비록 이견과 갈등은 존재했지만, 이와 같은 조건들로 인해 COVID-19 정책은 공리주의·약자우선주의·공동체주의가 뒤섞인 혼합적 형태였고, 실제로도 사회적 합의를 형성하면서 집행되었다.

이와 같이 영화〈컨테이젼〉속 가상의 바이러스 'MEV-1'로 인한 팬데믹과 COVID-19 양자 간의 차이는 현격했다. 그리고 이 괴리는 영화의 관람자들에게 의료 자원을 배분하는 데 존재하는 평등·형평·효율이라는 가치들 사이의 긴장을 바이러스의 성격과 사회적 조건 속에서 되짚어 볼 수 있도록 해 준다.

결국 두 사례가 던지는 질문은 동일하다. "우리는 위기 속에서 누구를 먼저 구할 것인가?"〈컨테이젼〉은 가장 단순한 평등주의적 선택을 통해 문제를 제기한다. 현실은 다양한 윤리 원칙과 사회적 조건을 반영해 복잡한 판단을 수행한다. 그리고 이 질문은 전염병과 그 피해자를 다루는 데 국한되었던 기존의 전염병 재난영화를 넘어〈컨테이젼〉이 다루고자 한 주제와 맞닿아 있다. 그것은 정부의 대응과 사회의 반응 등 '질병이 미치는 다른 영향들'과 '질병에 대한 일반 대중의 해석' 문제였다. 영화는 정부 신뢰의 붕괴와 그 밑에 잠재한 과학과 정치의 상관성에 대하여 세심하게 묘사한다.

백신 추첨과 사회적 신뢰: 영화와 한국의 경험

① 백신 추첨의 정치학과 대중 신뢰의 문제

영화〈컨테이젼〉에서 백신 추첨은 단순한 행정절차가 아니다. 이 설정은 영화 속에서 팬데믹 발발 이후 발생하여 점차 증폭되어 온 정부에 대한 신뢰의 붕괴와 정부가 봉착한 정당성의 위기를 상징한다. 영화 속에서 질병을 다루는 전문가와 질병을 해석하고 전달하는 사람들이 극명하게 대립하며 구분되는 것은 신뢰 붕괴의 순간을 극적으로 드러낸다. 작가 스콧 번즈는 이를 통해 정부가 의료 체계를 운영하는 과정에서 대중의 신뢰와 불만이 얼마나 중요한 요소인지를 보여준다.

백신 추첨은 의료 자원의 윤리적 배분 문제와 동시에 정치적 고려가 개입하는 방식으로 작동한다. 영화 속 미국 정부는 팬데믹에 제대로 대응하지 못한다. 통합적 대책은 마련되지 않았고, 필수 행정 서비스조차 제공되지 않는다. 붕괴된 의료 체계에 치안부재 및 소방 서비스 부족까지 겹치면서, 대중이 정부의 대응 능력에 의구심을 품는 것은 당연한 일이었다.

이 와중에 프리랜서 블로거 앨런 크럼위디와 CDC 국장 엘리스 치버가 TV 생방송에서 충돌하며, 정부에 대한 대중의 신뢰는 붕괴된다. 정부를 대표하는 공적 인물인 치버는 과학적으로 규명된 극히 소수의 내용만이 행동의 지침이 될 수 있다고 말한다. 반면에 그 외의 모든 사안에 대해 불확실성의 영역에 속하는 것으로 간주한다. 앵커가 바이러스로 인한 미국의 사망자 수를 묻자 치버는 50개 주의 집계 방식이 달라 정확한 수치를 제시하기 어렵다고 답한다. 그는 또 '과학적 근거 없는 약물에 의존하지 말고, 백신 개발에는 시간이 필요하다.'고 설명하며, 오로지 현재로서 확실하게 밝혀진 것은 환자 접촉이나 매개체 전염을 통해 전염된다는 사실이니 이 두 가지를 피해야 할 따름이라고 말한다.

반면 크럼위디는 직설적으로 '누가 악인인지, 무엇이 해결책인지'를 명쾌하게 제시하며 대중의 불안과 불만을 파고든다. 그는 '정부가 제약 회사와 결탁해 진실을 숨기고 있다. 내가 복용한 약은 효과가 있다.'라는 선명한 메시지를 반복하면서, 치버가 약혼녀에게 도시 봉쇄 사실을 사전에 알렸다고 폭로한다.

이 폭로는 일반 대중에게 그때까지 '무능하다'고만 여겨졌던 정부가 사적 이익을 추구하며 진실을 숨기고, 사태의 진정한 해결을 방해하는 집단이라고 인식하게 만든다. 허위 정보 유포자로 여겨졌던 크럼위디는 오히려 '정부의 거짓을 폭로한 인물'로 추앙된다. 대중에게 CDC국장으로서 정부가 송신하는 객관적인 과학의 목소리를 대변하는 상징적 인물이었던 치버 개인의 일탈은 정부 전체의 신뢰를 흔들었고, 대중은 공적 권위에 대해 심각한 의문을 품게 된 것이다.

이후 유일한 희망이었던 백신이 개발된다. 그러나 공급량이 극히 제한적이어서, 백신이 턱없이 부족한 상황이었다. 이에 대해 뉴스 앵커는 "누가 먼저 백신을 맞게 되는가?"라는 질문을 던지며 방송을 마무리한다. 그리고 바로 떼강도가 엘리스 치버 국장의 집에 침입하여 약혼녀에게 숨겨 놓은 백신을 내놓으라고 위협하는 장면으로 이어진다. 이들은 CDC 국장이 개발된 백신을 가장 먼저 분배받을 것이라고 믿고 있었던 것이다.

이런 맥락에서 무작위 추첨을 통한 백신의 배분은 단순한 행정절차를 넘어서는 의미를 가지게 된다. 오히려 이는 무너진 정당성과 신뢰를 지탱하려는 정치적 장치이다. 효율적이지는 않더라도, 누구에게나 '동등한 기회'를 보장한다는 메시지는 불평등과 특혜 논란을 잠재우는 힘을 가지고 있

WHO(세계보건기구)의 레오노라 오란테스 박사가
'서구의 부유한 국가들이
전염병 관련 약들을 독점한다'는
음모론을 믿는 순평 박사에게 납치된 뒤,
중국 농촌 마을에서 중국 학생들을 가르치고 있다.

다. 결국 백신 추첨은 이미 붕괴된 사회적 신뢰를 회복하려는 최후의 보루로 작동한다.

〈컨테이젼〉 속 추첨은 비현실적으로 보일 수 있으나, 실제로는 정당성을 확보하기 위한 정치적 해결책으로 제시된 것이었다. 그리고 이 맥락은 이 장면 하나에 국한되지 않고 전염병 대응 정책 전반으로 확장될 수 있다.

② 한국적 경험과 신뢰 자원의 축적

한국의 경험은 〈컨테이젼〉과는 다른 궤적을 보여준다. 메르스(MERS)와 COVID-19 사례를 돌아보면, 영화와 같은 급격한 사회 붕괴나 신뢰의 전면적 붕괴는 나타나지 않았다. 전염병에 대한 해석이 반드시 음모론으로 귀결되는 것도 아니었다.

그럼에도 분명한 사실이 드러난다. 전염병은 결코 '순수한 의학적 사안'으로 다루어질 수 없다. 정부에 대한 신뢰라는 정치적 기반이 있어야 대응 체계가 작동한다. 대중은 의료 체계의 수동적 수혜자가 아니라, 그 정당성과 실행 가능성을 떠받치는 핵심적 인자이다. 과학적 근거와 행정적 절차 위에 사회적 신뢰라는 정치적 자원이 확보될 때만 지속 가능한 구조가 성립한다.

2015년 메르스 유행 당시 박근혜 정부는 국가 차원의 통합 전략을 마련하지 못하고 제한적 조치를 취하는 데 머물렀다. 피해가 확산되자 정부는 무능하다는 인식을 차단하기 위해 오히려 공권력을 동원했다. 정보공개를 최소화하고, 사실을 알리려는 시민을 위협하는 권위주의적 방식을 취한 것이다. 그 결과 정부는 방역 실패뿐 아니라 소통 실패로도 비판을 받았고, 지지율 하락을 피할 수 없었다.

당시 정부는 '국민이 부정적인 내용을 담고 있는 정보에 노출되면 감정적으로 동요하여 불안과 부정 정서가 증가한다.'는 입장에서 위와 같은 대처 방식을 택했다. 그러나 대중은 이성적으로 대응할 수 있었고, 메르스 그 자체보다 오히려 '나를 보호해 줄 수 없는' 정부의 메르스 대응에 대해 더 큰 공포를 느꼈다(최미정·은재호, 2018; 244-245쪽).

반면 문재인 정부는 메르스의 실패를 반면교사로 삼아, 국가적 차원에서 진행된 통합 전략 속에서 COVID-19에 대응해 나갔다. 무엇보다 COVID-19 초기부터 이를 '정치적' 사안으로 규정하고 대응에 나섰던 점이 특징적이다. 정례 브리핑과 데이터 공개를 통해 투명성을 제도화했고, 전국적 자원 동원 같은 상징적 결정을 통해 '정부가 우리를 지킨다.'는 메시지를 분명히 전달했다. 이는 단순한 행정 조치를 넘어서는 정치적 리더십의 언어였다.

문재인 정부에게 전염병에 대해 대처하기 위해 필요한 자원은 질병 그 자체에 맞서기 위해 필요한 마스크와 방호복 그리고 보건의료 인력 등과 같은 물질적 자원만이 아니었다. 사회적 신뢰가 결정적이라는 점을 인지하고 이를 획득하기 위해 적극적인 노력을 기울였던 것이다. 그리고 대중으로부터의 신뢰를 얻어 내기 위해 먼저 대중의 신뢰에 기반한 정책을 수립했다.

여기가 바로 문재인 정부가 CDC 국장 앨리스 치버 및 박근혜 정부와 갈라지는 지점이다. 이들은 대중을 단순한 통제의 대상 그리고 정책의 대상으로 바라보았다. 이들과 같이 '대중에게 모든 사실이 공개되면 사회적 혼란이 야기될 것'이라고 우려하는 입장에서는 '전염병으로 인한 재난을 헤쳐 나가는 데 대중의 신뢰가 필수적인 자원이라는 점'을 인식하기 쉽지 않았던 것으로 보인다.

〈컨테이젼〉의 극단적 세계 속에서 정부를 대표하는 CDC 국장이 과학적으로는 옳은 말을 했지만 정치적으로 취약했던 이유는 전염병으로 인한 재난이 전염병 및 전염병에 걸린 환자들로만 구성되는 것이 아니라는 사실을 등한시했기 때문이다. 〈컨테이젼〉이라는 전염병 재난 영화를 만들면서 전염병과 전염병 그 자체를 다루는 사람들에 국한되지 않고 그 너머에 있는 영역들을 세심하게 추적하여 카메라에 담은 제작진은 바로 이 점을 우리에게 보여주려 한 것이다.

더 나아가 〈컨테이젼〉의 추첨 방식에 대해 정치적 측면까지 포괄하는 폭넓은 관점에서 접근하는 것은 질병으로 인한 대중의 고통 그리고 그들이 의료 체계 내에서 지니는 불안과 욕구에 대한 정확한 이해와 공감이 우선되어야 한다는 점을 시사한다. 이것이 바로 정치가 포착한 바로 그 지점인 것이다. 그리고 한국 정부의 COVID-19 대응에서 볼 수 있는 것과 같이 메르스 당시에 배태된 대중의 불만과 요구가 전염병에 대한 의료 체계를 새롭게 건설해 나갈 때 중요한 하나의 축으로 작용할 수 있다는 점 또한 고민해야 할 지점이다.

팬데믹은 모든 사회의 '신뢰 설계도'를 드러내는 리트머스 시험지였다.

대만은 2003년 SARS의 기억을 제도화하여, 건강보험카드 기반의 마스크 재고 시스템과 지도·앱을 통해 자원의 흐름을 투명하게 공개했다. 데이터의 개방성이 곧 신뢰의 기반이 된 것이다. 일본은 초기에 자율적 거리두기와 시민의 '상식적 준수'에 의존했지만, 도쿄올림픽을 둘러싼 정치적 메시지 혼선으로 정부 신뢰가 급격히 하락했다. 과학의 언어가 정치의 언어로 번역되지 못한 결과였다.

한국은 그 중간 어디쯤에 있었다. 대만처럼 기술적 투명성을 확보하면서도, 일본처럼 사회적 규범에 의존했다. 정부의 정례 브리핑과 오픈데이터, 질병관리청의 실시간 통계, 그리고 지역사회 단위의 방역 협의체가 동시에 작동했다. 미국과 유럽은 의료체계의 연방성과 시장성을 이유로 국가 간·주 간 자원 이동이 원활하지 않았고, 이로 인해 ICU·인공호흡기 분배의 불균형이 극심했다.

결국 각국은 다른 언어로 같은 문제를 풀고 있었다. 대만은 기술과 제도로, 일본은 규범과 문화로, 한국은 절차와 데이터로 신뢰를 설계했다. 팬데믹의 경험은 '신뢰의 언어'가 과학적 정확성만으로는 구축되지 않으며, 사회적 관계와 제도적 설계, 그리고 메시지의 정직성이 결합되어야 비로소 작동한다는 사실을 일깨워주었다.

더 생각해 볼 문제

① 팬데믹 상황에서 백신은 단순한 상품이 아니라 생명과 직결되는 희소한 의료 자원이다. 영화 속 납치 장면은 백신이 불평등하게 분배될 때 나타날 수 있는 극단적 상황을 보여준다. 실제로 COVID-19 시기에도 저소득 국가 국민들은 접종에서 뒤처졌으며, 이는 국제적 정의의 문제로 제기되었다. 김준혁이 말하는 '의료 자원 배분의 윤리'를 바탕으로, 과연 이러한 상황을 '부정의'라고 규정할 수 있는지 생각해 보자.

② COVID-19 당시 저소득국의 백신 접근성을 보장하기 위해 강제실시권(Compulsory License) 도입이 논의되었다. 이는 특허권자의 동의 없이도 백신을 생산할 수 있도록 하는 제도이다. 정부 지원과 공적 자금이 투입된 만큼 백신은 인류 보편의 공공재라는 주장과, 막대한 비용과 불확실성을 감수한 기업의 지적재산권을 존중해야 한다는 주장은 어떤 기준에서 조율될 수 있을까? 팬데믹 상황에서 백신에 대해 강제실시권을 시행하는 것이 정당화될 수 있는지 논의해 보자.

③ 영화 속에서 식사와 수면까지 포기하며 조사에 몰두한 CDC 역학조사관 에린 미어스의 마지막은, 죽음을 앞둔 순간에도 옆 환자에게 자신의 겉옷을 건네는 장면으로 묘사된다. 이러한 행동은 예외적 인물의 특이한 사례인가, 아니면 의료 전문가로서 교육과 훈육을 통해 길러진 덕목의 발현인가? 혹은 인간 본연의 돌봄 본능에서 비롯된 것인

가? 또한 그녀가 헌신적으로 역학조사에 몰두한 이유를 직업적 소명, 인간적 책임감, 혹은 그 복합적 동기의 차원에서 어떻게 해석할 수 있을지 생각해 보자.

더 찾아볼 작품

영화 〈감기〉

김성수 감독의 2013년 영화이다. 고병원성 조류 인플루엔자를 일으키는 H5N1형 인플루엔자 바이러스 감염증의 급작스러운 확산으로 인한 경기도 분당 지역의 봉쇄를 소재로 했다. 전염병 통제를 위해 기본적인 시민의 권리조차 철저히 부정한 채 '대한민국 전체 국민의 일부에 불과한' 분당 시민을 희생시키는 영화 속 정부의 모습으로 인해, 2015년에 전 세계에서 두 번째로 많은 사망자가 발생한 한국의 메르스 유행 당시 2년 전에 현실을 예견한 영화로 재평가되었다.

영화 〈역병〉

대만의 린쥔양 감독의 2023년 영화로, 2023년 타이베이 영화제에서 5개 부문에서 수상했다. 2003년 SARS(중증 급성 호흡기 증후군, Severe Acute Respiratory Syndrome)로 타이베이 시립 허핑병원이 봉쇄됨으로써, 당시 병원 안에 있던 의료진과 환자 및 보호자가 강제로 격리되어, 이 중 많은 수의 의료진과 일반인이 감염되어 사망한 실화를 바탕으로 제작되었다. 영화는 의료인으로서의 사명감과 인권 그리고 인간으로서의 생존 본능이 충돌하는 모습을 마치 인류학자가 현지 조사하듯이 세심하면서도 현실적으로 그려 낸다.

참고문헌

집필자 소개

참고문헌

비만 낙인(Obesity Stigma) / 박승준

Francesco Rubino et al. (2020). Joint international consensus statement for ending stigma of obesity. Nature Medicine, 26: 485-497.

데이비드 케슬러(이순영 옮김), 『과식의 종말』, 문예출판사, 2010.
모건 스펄록(노혜숙 옮김), 『먹지 마, 똥이야!』, 친구미디어, 2006.
박승준, 『비만의 사회학』, 청아출판사, 2021.
박승준, 『비만 권하는 사회에서 살아남기』, 청아출판사, 2024.
배리 팝킨(신현승 옮김), 『세계는 뚱뚱하다』, 시공사, 2009.
김은미 등. (2010). 한국어판 체중편견(Weight Bias) 측정 도구의 신뢰도 및 타당도. 가정의학회지, 31: 461-471.

낙태를 선택할 수 있을까? / 조태구

Diwan A., "Entretien avec Audrey Diwan", L'Événement: Dossier de presse (Wild Bunch Distribution, 2021).

민유기, 「68년 이후 프랑스 여성운동과 낙태 합법화」, 『프랑스사연구』 제39호, 2018.
아니 에르노, 『사건』, 윤석헌(역), 민음사, 2019.
이석배, 「낙태죄 존치론에 대한 반론」, 『한국의료법학회지』 제26권 1호, 2018.
이정원, 「낙태죄의 구조와 문제점 - 독일형법에서의 낙태죄 규제와의 비교를 중심으로 -」, 『법제연구』 54, 2018.
조수진, 「영화감상교육 강좌를 위한 영화 활용법 연구 - 안네 초라 베라체트의 영화 〈24주〉를 중심으로 -」, 『인문과학연구』 28, 2019.
조수진, 「현대 독일 영화감독 연구 – 안네 초라 베라체트를 중심으로」, 『독일어문학』 94, 2021.

입원과 의료 행위의 강제성 / 최성민

Antonio Sérgio, Andrea Silveira de Souzab and Valeska Marinhoa, "The history of lobotomy as a neuropsychiatric intervention in Brazil - a case report of a geriatric patient", *Neurocase* 30(6). 2024
경희대학교 HK+통합의료인문학연구단, 『통합의료인문학강의 : 인간과 질병』, 모시는사람들, 2022.
김형효, 『구조주의의 사유체계와 사상』, 인간사랑, 1989.
보건복지부 국립정신건강센터 '입원유형별 안내'. https://www.ncmh.go.kr/medical/html/content.do?depth=mi&menu_cd=01_05_02_01
복건우, 「'강제입원' 완전 폐지, 국회가 받아든 숙제」, 〈비마이너〉, 2023.4.6.
윤제식·김창윤·안준호, 「정신건강복지법 비판 : 비자의 입원 요건을 중심으로」, 『신경정신의학』 57(2), 대한신경정신의학회, 2018.
하지현, 『정신의학의 탄생』, 해냄, 2016.
허윤석, 『정신병리학 특강』, 집문당, 2017.
영문 위키피디아
　　https://en.wikipedia.org/wiki/Rosemary_Kennedy
　　https://en.wikipedia.org/wiki/Josef_Hassid

돌봄의 진정한 의미와 인간의 존엄 / 조민하

공혜정, 「병원, 환자, 그리고 경계: 19세기 미국 뉴올리언스 자선병원의 환자들」, 『환자란 무엇인가』, 도서출판 모시는 사람들, 2023, 55-80.
박승희 외, 『장애란 무엇인가: 장애학 입문』, 학지사, 2016.
표준국어대사전 https://stdict.korean.go.kr/

선의지(goodwill)와 시스템 사이에서 / 이상덕

Alligood, M. R. and Hardin, S. R., *Nursing Theorists and Their Work* (Elsevier, 2025, 1986).
Bashir, S., and Mishra, B., "Care to Cure: Voices of Sick Bodies in the film The Good Nurse (2022)", *AM Journal*, No. 32 (2023), pp. 91-101.
Institute of Medicine (US) Committee on Quality of Health Care in America; Kohn LT,

Corrigan JM, Donaldson MS, editors, *To Err is Human: Building a Safer Health System* (National Academies Press (US), 2000).

김연희, 『뒤틀린 한국 의료 – 의대 정원 너머 '진짜 보건의료 문제' 취재기』, 산지니, 2024.

대니엘 오프리, 고기탁 역, 『의료사고를 일으키는 의사들』, 열린책들, 2025.

찰스 그래버, 김아영 역, 『그 남자, 좋은 간호사 – 우리 병원에 연쇄 살인범이 있다』, 골든타임, 2014.

우리의 건강을 둘러싼 위험의 실제 / 이동규

강남규, 「유일한 싸움의 방법 '아직 있음' 보여주기: 영화 '다크 워터스'로 만나는 투쟁과 연대의 이야기」, 『한겨레21』, 통권 1569, 2025.

김요셉, 『웰컴 투 과학극장: 영화속 과학읽기』, 동아시아, 2025.

씨익북스 편집부, 『환경과 건강: 질병의 숨겨진 원인』, 씨익북스, 2025.

이필렬, 이인현, 『생명과 환경』, 한국방송통신대학교출판문화원, 2021.

질병, 사회, 윤리, 그리고 신뢰의 교차점 / 최성운

Burns, S. Z. (2011, September 8). *Exclusive: Writer Scott Z. Burns Talks Contagion*. Dread Central. https://www.dreadcentral.com/news/26823/exclusive-writer-scott-z-burns-talks-contagion

김준혁, 「코로나19로 인한 응급 상황에서 의료자원 분배 및 백신 접종의 우선순위 설정」, 『생명, 윤리와 정책』 제4권 제1호, (재) 국가생명윤리정책원, 2020.

김태심·조영호, 「코로나 19 사태와 정부신뢰」, 『국가전략』 제27권 제1호, 세종연구소, 2021.

최미정·은재호, 「위험소통과 정부신뢰 - 빅 데이터 감정 분석을 통한 메르스 사례 분석 -」, 『한국정책학회보』 제27권 제1호, 한국정책학회, 2018.

최성민, 「팬데믹의 현재와 백신의 미래AI」, 『OUGHTOPIA』 제36권 제1호, 경희대학교 인류사회재건연구원, 2021.

집필진 소개

박승준　경희대학교 의과대학 교수. 성장호르몬과 식욕을 조절하는 호르몬에 관한 여러 연구를 했고, 최근에는 비만의 사회적 요인과 해결책을 찾는 연구를 하고 있다. 의과대학과 간호대학에서 학생들을 가르치는 일 외에도 호르몬을 비롯한 의학의 어려운 개념을 대중에게 쉽게 설명하는 글을 쓰는 일에도 관심이 많다. 지은 책으로 『내 몸의 설계자, 호르몬 이야기』, 『비만의 사회학』, 『비만 권하는 사회에서 살아남기』, 『비밀노트: 약리학 편』, 『식욕이 왜 그럴 과학』 등이 있다.

이동규　경희대학교 인문학연구원 HK+통합의료인문학연구단 HK교수. 고려대학교를 나와 같은 학교 대학원에서 석사학위를 받은 후 미국 컬럼비아대학교에서 석사학위를 취득했다. 이후, 홍콩대학교에서 박사학위를 받았다. 주요 논문은 "The Solution Redefined: Agricultural Development, Human Rights, and Free Markets at the 1974 World Food conference", 「식량과 인권: 1960년대 후반 식량농업기구의 '기아로부터의 자유운동'과 사회경제적 권리」, 「곡물대탈취: 1973년 미국-소비에트 곡물 거래와 국제 식량 체계의 위기」 등이 있다.

이상덕　경희대학교 인문학연구원 HK+통합의료인문학연구단 HK교수. 고대 그리스사학자. 고려대학교 서양사학과를 졸업하고 같은 곳에서 석사를 받았다. 옥스퍼드대학교에서 고고학 석사를, 킹스칼리지 런던에서 고전학 박사를 받았다. 주요 저역서와 논문으로는 『고대 그리스사』(역서), 『죽음의 인문학』(공저), 「히포크라테스의 『섭생에 관하여』의 완결성 고찰」, 「코스의 아스클레피오스 숭배 도입의 정치적 배경」 등이 있다.

조민하   경희대학교 HK+통합의료인문학연구단 HK연구교수. 대한의료커뮤니케이션학회 부회장. 고려대학교 국어국문학과를 나와 동 대학원에서 석사학위와 박사학위를 받았다. 주요 저서와 논문으로는 『첨단기술시대의 의료와 인간』(공저), 『나이듦과 함께하는 의료인문학』(공저), 『인문학으로 비추어보는 의료 발전의 이면』(공저), 「환자중심형 의료커뮤니케이션을 위한 방안(3): 의사의 공감적 의사소통을 중심으로」, 「노인의 디지털 헬스 리터러시 증진 방안 연구」 등이 있다.

조태구   경희대학교 HK+통합의료인문학연구단 HK연구교수. 경희대학교를 나와 프랑스 파리-낭테르대학에서 철학 박사 학위를 받았다. 주요 저서와 논문으로는 『의철학 연구 - 동서양의 질병관과 그 경계』(공저), 「반이데올로기적 이데올리기 – 의철학의 가능성 논쟁 :부어스와 엥겔하르트를 중심으로」, 「삶과 자기촉발 - 미셸 앙리의 역동적 현상학」 등이 있다.

최성민   경희대학교 인문학연구원 HK+통합의료인문학연구단 HK교수. 문학평론가. 서강대학교 국어국문학과를 졸업하고, 같은 곳에서 석사, 박사학위를 받았다. 주요 저서와 논문으로 『근대서사 텍스트와 미디어 테크놀

로지』,『다매체시대의 문학이론과 비평』,『의료문학의 현황과 과제』(공저),『죽음의 시공간』(공저),「한국 의학드라마 연구 현황과 전망」,「팬데믹 시대의 생명과 데이터 리터러시」,「노인 간병과 서사적 상상력」등이 있다.

최성운 경희대학교 인문학연구원 HK+통합의료인문학연구단 HK연구교수. 고고미술사학과와 원광대학교 한의학과를 나와 경희대학교 대학원에서 의사학 전공으로 한의학 석사와 박사 학위를 받았다. 주요 논문으로는 「무신(武臣) 이제마의 몸들-활 쏘는 몸」,「엑기스와 가정용 자동탕전기 그리고 한의원탕제실 - 1960년대 중반부터 1990년대 초반까지의 한약투약방식과 관련된 기술변천의 역사」,「차력, 강신(降神)과 약물을 통한 인간 몸의 변환과 신적 세계의 구현 - 19세기 중반 조선의 차력의 초기양상과 계보에 대한 연구」등이 있다.

경희대학교 / 인문학연구원 / HK+통합의료인문학연구단 통합의료인문학 교양총서 10

영화로 만나는 의료인문학 2

등록 1994.7.1 제1-1071
초판 1쇄 발행 2025년 12월 20일

기　　획　경희대학교 인문학연구원 HK+통합의료인문학연구단
지은이　박승준 이동규 이상덕 조민하 조태구 최성민 최성운
펴낸이　박길수
편집장　소경희
편집·디자인　조영준
일러스트　비차
관　　리　위현정
펴낸곳　도서출판 모시는사람들
　　　　03147 서울시 종로구 삼일대로 457(경운동 수운회관) 1306호
전　　화　02-735-7173 / 팩스 02-730-7173
홈페이지　http://www.mosinsaram.com/

인　　쇄　피오디북(031-955-8100)
배　　본　문화유통북스(031-937-6100)

값은 뒤표지에 있습니다.
ISBN　979-11-6629-252-1　04000
세트　　979-11-88765-83-6　04000

* 잘못된 책은 바꿔 드립니다.
* 이 책의 전부 또는 일부 내용을 재사용하려면 사전에 저작권자와 도서출판
　모시는사람들의 동의를 받아야 합니다.

이 저서는 2019년 대한민국 교육부와 한국연구재단의 지원을 받아 수행된
연구임(NRF-2019S1A6A3A04058286).